suncolor

suncolor

還煩惱嗎？

◆樊登的人生智慧解答◆

100+應對生活、突破思考困局的清醒指南

樊登・帆書（原樊登讀書）——著

suncolor
三采文化

CONTENTS

第1章　職場生存

Part 1 職場

Part 2 管理

Part 4 創業

第2章 生活啟示

Part 1 選擇

Part 2 困惑

Part 3 讀書

第3章 家庭突圍

Part 1 夫妻

Part 2 父母

第4章 情感解惑

第5章　社交破局

Part 1 金錢

Part 2 社交

第6章　優解教育

Part 1 教育

Part 2 叛逆

Part 3 矛盾

Part 4 教學

「如果你只想生活在自己過去的存量中，那生活中的任何改變都是痛苦的。」

第 1 章

職場生存

職場　管理

×

生涯　創業

Part 1

職場

如果你學不會對同一件事保持持續的興趣，
最終所有事情都會讓你膩煩的。

如何找到自己熱愛的事業？

Q 如何才能找到自己熱愛的那份事業？是做一行愛一行，還是愛一行才去做一行？

總有人說：「如果獲得那樣一份工作，我肯定會特別喜歡。」不可能！

我們做過一期節目，主題是「什麼是世界上最好的職業」。其中有一位嘉賓，他的職業是試床員，主要工作內容是入住世界各地的五星級飯店，體驗這些酒店的床，然後提交一份對床墊的評估報告。還有一位嘉賓，他在食品公司負責試吃巧克力。澳洲大堡礁的看島人，每天的任務就是在大堡礁的沙灘上散步，年薪折合人民幣大概是七十萬。在你看來，這些工作是不是都很美好？但是這幾位最後無一例外地都辭職了，因為他們都覺得自己的工作實在是太無聊了。

我們得學會沉浸在工作中，然後才能感受到它的美好。

有一本書，我一定要推薦給你：《好奇心：保持對未知世界永不停息的熱情》[1]。書中有一個特別有意思的案例，說的是一個普通大學生勞拉・麥金納尼與煎蛋的故事。麥金納尼曾經在麥當勞打工，主要的工作就是煎雞蛋。她在每天的早餐時段會煎差不多四百個雞蛋，不斷地重複把蛋打破、煎熟、取出的工序，工作異常枯燥。然而盯著雞蛋，她突然進入了「心流」的狀態，清晰地看到蛋清是如何慢慢凝固變白的，蛋黃兩側的蛋清就像兩個國家互相進軍打仗一樣，逐漸蔓延會合在一起。看起來只是簡單地煎一個雞蛋，她卻能從中感受到特別的幸福。普通人是難以做到的。

所以，如果你不向內求，不去提升自己關注、喜愛這個世界的能力，只關注自己什麼時候能得到自己喜愛的工作，那你八成會毀掉你的那份「喜愛」。熱愛工作的核心是能不能熱愛自己的生活。**幸福感絕對不是來自外在條件，而是取決於你是否擁有感知幸福的能力。**

幸福的反面不是不幸，而是麻木。

1 為方便讀者搜尋、參考內文提及的各書「樊登說書」相關影音，文中書名皆保留簡體原書名，繁體版本另在章節末的書單中標示。若該書未出版繁體版，則保留簡體版本資訊供參考。唯相關之作者名、專有名詞與其他影劇名稱、人物名等等，仍使用繁體通用或常見之譯名。

如何更快地適應職場環境？

Q 作為一名求職顧問，我主要就是給求職者做履歷優化和面試輔導，透過我的輔導，很多求職者能順利地入職一些企業。但是他們總會問我：入職以後，我們怎麼做才能提高和主管的共情能力？怎麼做才能更好地去適應新的主管？對此，你會如何回答呢？

關於上述問題，我可以推薦三本書。

第一本書是《權力：為什麼只為某些人所擁有》。這本書是史丹佛大學一位前組織行為學教授寫的，書名聽起來挺「厚黑學」，但其本質卻是研究權力流動、配置規律的。

我們得理解，在一家公司裡，權力到底是怎麼流動的。作為一個中層管理者，你上面還有主管，一定要想辦法跟主管保持良好的溝通。你需要知道，主管做某件事的目的是什麼，怎樣能更好地替主管做出來。更重要的是，一定要讓主管知道這件事是你做的。所以在職場中，如果你要快速升職，我覺得這本書是必讀的。

當然，不要用負面的心態去讀它，覺得「工作竟然還需要掌握這麼多技巧，好討厭，我把本職工作做好不就行了嗎」。實際上，跟主管保持溝通就是工作的一部分，還是非常重要的一部分。千萬不要覺得這是逢迎拍馬，不重要。不對，溝通永遠是最重要的一件事。

第二本書是《創始人：新管理者如何度過第一個90天》。這本書講的其實不是創始人，而是履新，就是進入一家新公司後，必須做對哪些事情，才能讓別人了解你的能力。我認為這一點對新入職者非常重要。

第三本書是《認同：開啟高效協作的密碼》。這本書提到這樣一點，對於別人的不理解，千萬不要打馬虎眼忽略過去。比如在開會提案的時候，你知道有一個人反對你的提案，你或許會希望他儘量不要參與，最好因為遲到或生病而缺席。其實這種想法是不對的，儘管迴避爭論或許能讓你的提案得以通過，卻很難保證其被有效執行。

最有效的方法是在會議上針對不同的意見進行充分辯論，讓參會者理解並接受你的提案。關注、理解問題的人越多，你的提案才越能被貫徹和執行。這本書是教我們如何面對和處理工作中遇到的不同意見的。

這三本職場寶典，對履新者一定會有幫助。當然，職場需要我們具備很多能力，這裡再推薦三本書：《高效能人士的七個習慣》、《少有人走的路》、《向前一步》。它們可以幫助我們理解什麼是成熟、什麼是愛，從而幫助我們儘快融入新環境，做好新工作。

需要用加班來證明自己努力嗎？

Q 我剛入職不久，要像其他同事一樣，用加班向老闆證明自己努力嗎？

我個人不太看重加班，如果有個員工我從來沒見過，但他為公司做了很多事，我一樣會感激他、看重他。

如果下班後還待在公司裡，說是加班，但實際只是在刷網頁湊數，那其實一點用都沒有。

我見過很多這麼做的員工，後來發展得都不好。我問過他們的主管，主管對他們的評價是：一天到晚忙得要死，就是沒效率。

主管都有自己的判斷力，而且大多數工作都有考核標準。工作的核心是你要讓主管知道你做了什麼，怎麼做出來的。你也要清楚主管最想要的是什麼，領會他的意圖，然後上下一心去達成。這才是健康的企業文化。如果你能這麼做，自然就會被主管看到、賞識，也就會擁有更多的發展空間。

如何找到自己的核心競爭力？

Q 我是一個剛剛工作一年多的職場新人，因工作性質，我的崗位被頻繁調動，我感覺自己什麼都會一點，但什麼都不專業。我現在對自己的職場定位感到很迷茫，我該怎麼辦？

你要重新認識工作這件事，你遇到的這種狀況可能會是未來很多工作的常態。因為時代變化太快了，我現在這個年齡還在做短影片平臺，這是我之前沒想過的事。一句話，**接受不確定性，並且學會和不確定性共舞**。

當年我在中央電視臺做節目時，經常被人請去主持化妝品新品發布會、零售活動，以及很多其他主題的活動，當時感覺是浪費時間，只是為了賺幾千塊錢。現在回過頭去看，主持那些活動，在商業模式上給我今天做「樊登讀書」帶來了莫大的啟發。所以，現在你唯一能做的就是，工作的時候認真工作，休息的時候享受生活。多讀書學習，每天進步一點，就好了。

畢業兩年換了五份工作，我該如何調整狀態？

Q 畢業不到兩年，我已經換了五份工作，家裡人總說我沒耐心，並因此責怪我，我應該怎麼調整自己的想法或狀態呢？

可能你家裡人說的是對的，你再堅持一下可能會做得更好。也可能你是對的，因為家裡人不知道世界上有那麼多不靠譜的工作。到底誰對誰錯，我沒法做出評判，也無須我來評判。但我可以給你一個建議：首先要去找一個你能從中找到意義的行業，你能為別人服務，能看到自己的價值，並獲得成就感。

最終能給人帶來幸福的是兩樣東西：一個是歸屬感，另一個是價值感。能找到歸屬感和價值感，你就能更開心地去工作，也更容易成為專家。遇到困難不要輕易放棄。你可以換工作，但不能因為遇到困難就換工作。遇到困難時稍微堅持一下，挺過去，很可能你就適應了。

但是，如果這份工作實在不靠譜，或你從事的是一份沒有任何進步和發展可能的工作，那離開也就離開了。人這一輩子換十幾份工作不算奇怪，未來人們換工作會越來越頻繁，因為時代發展得越來越快了，現在連公司的壽命都變得更短了，難道公司倒閉你還不走嗎？

用領導者姿態去工作的新員工，是留還是不留？

Q 我們是一家創業公司，最近來了一位新員工，在跟對接人溝通時，他總是一副老闆或者領導者的姿態，在不了解公司定位和策略的情況下就干涉其他老員工的工作。此外，其他員工對他的回饋也不太好，他和同事相處也不是很融洽。我想請教您，對於這樣的員工，我們是留還是不留？

有兩本書可以回答這個問題。第一本書是傑克．韋爾奇的《商業的本質》，第二本書是《可複製的領導力》。

《商業的本質》裡談到一個非常重要的原則：一個優秀的企業會不斷去打造一致性。開除一個人，是因為他做的事跟我們所宣導的不一致。給一個人升職加薪，是因為他做的事跟我們所追求的是一致的。要用各種方法去打造整個團隊的一致性。無論是開除一個人，還是表揚一個人，都是讓團隊和他人得到成長的機會。因此，從宏觀的層面上來說，你要決定自己是否要打造一致性。

給員工提意見，或者做負面回饋，並不意味著只要他有缺點就一定要開掉。那樣的話，企業需要不斷招人，用人成本很高。**作為管理者，我們需要幫助員工成長，那麼深度談話就是一件非常重要的事。**

很多管理者不願意跟員工談負面問題。員工做錯了事，管理者不願意找他說，卻在發獎金的時候提出來，給員工一個「突然驚喜」。這種「突然驚喜」會導致員工特別不高興。為什麼管理者不願意跟員工談負面問題呢？因為管理者不願意去面對艱難的談話。大家都喜歡做令人愉快的事，不喜歡做艱難的事，所以遇到艱難的談話，很多管理者通常只是選擇迴避。

作為管理者，你需要掌握一個重要的談話工具——BIC，B是Behavior（行為），I是Impact（影響），C是Consequence（後果）。BIC的整體含義是：（某個）行為會產生什麼樣的影響，持續下去會導致什麼樣的後果。不過，在談及對方的行為（B）時，要說事實，而不是提觀點。

在跟這樣的員工談話時，如果你對他說，他在公司裡總像老闆一樣工作，這就沒有遵從B的原則，因為你表達的是一個觀點，而不是一個事實。在說B的時候，我們需要找到的是事實。比如，他在全員大會上說甲不應該是公司的客戶，乙才是，他這種挑選客戶的態度會影響到公司對客戶的服務方式，甚至可能會影響整個公司的服務意識和服務態度。

如果你能夠學會跟員工溝通的技巧，就能夠跟他深度溝通，並有可能改變他。如果學不會，你會發現很多好員工會被你「談」走。所以，**員工的執行力往往等於主管的領導力**。你可以藉著這件事提高你的溝通能力，好好修練一下你的領導力。看完這兩本書，我覺得你會大有收穫。

人感受到的痛苦，往往不是來自痛苦本身，
而是來自自己的想像。

Part
2

管理

很多人不知道怎麼做管理者，
是因為他根本不知道管理者的定義。
管理者是透過別人來完成工作的人。

被主管提拔做管理，不感興趣怎麼辦？

Q 工作幾年之後，在主管的安排下，我開始接觸管理工作。但我發現，我對管理工作並不感興趣，我只喜歡搞專業、搞技術，不愛跟人打交道，不想跟其他人溝通，就想管好手頭的事。我跟主管提了這個想法，但主管說各方面都應該去嘗試。我應該怎麼辦？

這是一個跟「能力陷阱」有關的問題。你說「我只喜歡搞專業、搞技術，不愛跟人打交道，不想跟其他人溝通，就想管好手頭的事」，那到四、五十歲時，你還是只能搞技術，因為你關閉了自己發展的空間。

主管給你分配工作，讓你去做管理，做一點專業外的事，這時候你會發現，原來自己還有短板，還需要改進，對吧？其實，這個痛苦的過程就是你學習的過程。如果你是右撇子，你有沒有試過用左手寫名字？是不是寫起來很慢，很彆扭，很痛苦，而且寫出來的字也不好看？這就是我們學習任何新東西時的感覺。你去做管理，管人、安排事，也是一樣，**如果你覺得痛苦，覺得不舒服，那是因為你在學習，在成長。**

如果你能克服這個困難，做好管理，將來就有可能會有新的發展方向。時代是一直在變革的，每個行業都在不斷變化，對我們的要求也越來越高。試問：一個只會搞技術的人和一個既懂技術又懂管理的人，哪個更值錢？

所以，要把眼光放得長遠一點，要去理解學習中會產生的痛苦和挑戰，就是這種痛苦和挑戰，才會帶來成長。你可以給這種痛苦貼個標籤叫「困難」或「不適」，也可以將其視作「興奮」或「刺激」，兩者帶來的感受是完全不同的。

我每次上臺演講，面對臺下一千多個聽眾，其實我也會緊張，也會不舒服。但是，如果一點都不緊張，又怎麼能講好呢？我就試著把這種緊張轉化為興奮，這樣可以幫助我表現得更好。這種思維方式的轉換會讓你更喜歡成長的感覺。我推薦你讀讀《終身成長》，它可以幫助你學會克服困難。

升職了很開心，但不會當主管，怎麼辦？

Q 由普通員工晉升到了主管職務，從心理狀態及專業技能上，如何判斷自己是否能勝任？

這種忐忑我能理解。對於這個問題，我可以給你推薦幾本書，相信你讀過之後，會有啟發。

第一本書是《創始人：新管理者如何度過第一個90天》，講的是在一個新的工作崗位上，一個人應該做些什麼。我們到了新的崗位，有一、兩週時間可以來證明自己，讓別人看到我們，發現我們的存在。這時我們需要做的是大量的溝通——需要跟主管進行充分溝通，跟下級進行充分溝通，找到大家共同的目標和願景，把大家集合起來。

從普通員工晉升到主管，還涉及身分角色的轉變問題，因此我推薦的第二本書是我寫的《可複製的領導力》，其中說到了「管理者角色」。**很多人不知道怎麼做管理者，是因為他根本不知道管理者的定義。管理者是透過別人來完成工作的人**。如果員工一有活幹不了，你就說「我來」，最後什麼都是你來，雖然你累得要死，但活不一定能做好。因此，作為管理者，你需要花很多力氣去培養下面的員工，讓他們去成長。你把員工培養起來了，你的工作就好做多了。

第三本書是《能力陷阱》。它講到，如果一個人特別喜歡做某件事，特別擅長某件事，總執著地做這件事，這件事就會成為他人生的陷阱。比如你特別喜歡設計，遇到問題就想親自動手，最後你只能成為一個永遠做設計的人。要跳出這個能力陷阱，就意味著你要學著做一些以前沒幹過的事，比如管人。努力跳出能力陷阱去獲得新的能力，是這本書可以給你提供的幫助。

第四本書是《高績效教練》。做了管理，你就必須跟你的員工談話，這時你需要學會一個非常重要的技能——用詢問而非告知的方式跟員工談話。如果你不斷地用告知的方式跟員工談話，告訴他這個應該這樣設計，那個應該那樣設計，甚至具體到第一步、第二步該怎麼做，那麼一旦結果是不好的，員工就會怪你。即便結果是好的，員工也沒什麼成就感，因為一切都是按照你說的做的。如果用詢問的方式，結果就不同了。當你問他「你的目標是什麼」、「現狀怎麼樣」、「有哪些選擇」、「你打算怎麼做」，並鼓勵他「很好，你去做吧」時，員工跟你的互動就會是很愉快的，在工作中也有發揮空間，有自主決定的彈性，能夠從工作中獲得成就感，得到成長。

做管理者是令人興奮的一件事，好好做，我相信你一定會成功！

小主管如何管理帶資源進來的員工？

Q 公司有一位帶著資源進來的新人，雖然只是基層崗位的一個普通員工，但是在工作中如果他出現錯誤，總會有主管罩著，而同樣的情況，其他員工就只能照章辦事。這不僅傷害了公平性，還給基層管理者造成了很大的困擾，整個團隊都沒法管理了。對於這種情況，應該怎麼辦？

這個問題看似「無解」，因為這種員工是「戴著帽子」進來的，你管不了他，打也打不得，罵也罵不得，這種特殊的存在勢必導致整個團隊的氛圍變得糟糕。如果你這麼看的話，這個問題就真的無解了。但事情的真相是，你的關注點錯了。

我們不要輕易給別人貼標籤。首先，世界上有沒有這種事呢？可能會有，但是它對整個團隊的影響沒有我們想像的那麼大。對整個團隊影響最大的，是團隊管理者的氣質和價值觀，是管理者能否鼓動起每個團隊成員內心的動力。每個公司裡可能都會有「富二代」或家庭背景不錯的人，他可能開著勞斯萊斯去上月薪五千元的班。這些人都沒法管嗎？肯定不是。很多人做得很認真，很有上進心，雖然他是「富二代」，但他仍在努力。

所以核心問題在於，作為管理者，你能不能激發他內心的動力。

內心真正強大的人不會覺得自己優越，反倒會有足夠的動力去做更多更重要的事情。我們只要做好自己該做的事，努力去影響他們就好。萬一真的遇到一個特別壞的人，難道你要跟他玉石俱焚嗎？沒必要，惡人自有惡人磨，你做好自己該做的事就好。但是，我們內心往往還會感到憤憤不平，會覺得憑什麼好人都讓我做，委屈都讓我受。但是想想徐長今，她一輩子都在吃虧，走到哪兒都是別人欺負她。可是她把所有的本事都學會了，最後成為朝鮮首位女御醫。

短期之內看世界，你會覺得社會規則在起作用：這個人是主管派來的，這個人家裡有錢，這個人怎麼怎麼樣……把眼光稍微放長遠一點，不用太長遠，五年就夠，五到十年，自然規則一定起作用。**春天播種，秋天才會有收穫**。你要相信自然法則是在長期之內起作用的，這樣你內心就不會那麼焦慮了。

不希望能力強的下屬過得好，怎麼辦？

Q 下屬能力強、資歷老，但不服管，所以我不希望他過得好。但在一個團隊裡，我們又不得不合作，我很痛苦，怎麼辦？

那你就活該吧。

這種不希望下屬好的管理者，格局也就這樣了。如果你希望擴大自己的格局，你就應該希望下屬好。因為管理者的任務就是提高員工的水準，幫助員工成長。你能夠培養多少人，決定著你自己有多成功。

如果一個管理者希望自己的下屬永遠都不如自己，沒有自己做得好，沒有自己掙得多，那他管的團隊只會越來越小、越來越糟，最後被淘汰的不是他的下屬，而是他自己。我希望你改變自己的價值觀，不要有如此卑劣的想法。你應該多去檢討，為什麼自己不能容忍別人比自己強。你現在的這種想法會嚴重阻礙你的發展。

中國古人講，「用師者王，用友者霸，用徒者亡」。你能用「老師」一樣的下屬，你的員工比你水準高得多，就像劉邦用張良那樣，你就能夠當王；你能用「朋友」一樣的下屬，像曹操用郭嘉那樣，你就能夠稱霸；最糟糕的是用奴才一樣的下屬，下屬都唯你馬首是瞻，那你就危險了。

不要擔心有一天下屬會踩到你的頭上，因為你活在世上的每一天，就算沒有下屬踩在你頭上，還是有其他人踩在你頭上。總跟別人比排行，不累嗎？你最需要在意的是，你有沒有進步，你為這個社會做了什麼貢獻。

應該對員工毫無保留嗎？

Q 很多企業老闆都有一個顧慮：如果普通員工或中層員工掌握了領導力的精髓，就有可能另起爐灶跟自己搶生意，怎麼樣才能避免這種事情發生？

有些企業老闆整天顧慮這個，顧慮那個，其實就是自私。

想想當年你是怎麼創業的，難道不是脫離了上一個老闆跑出來創業的？你既然可以這樣做，憑什麼別人不行？凡是這樣想的企業老闆，其事業都做不大。現在的市場是全球化的，你希望你的員工只會執行，不會管理，同時又想把公司做大，可能嗎？更重要的是，員工根本就不是你的私人財產。員工是獨立的人，你憑什麼遏制他的發展？你這樣遏制他，他又不傻，立刻就能感到自己「所託非人」，或另謀高就，或工作動力不足，最終還是你自己飽嘗惡果。

實際上，一個了不起的企業首先看重的一定是員工的成長，員工有創業的動力，有成長的願望，他才能更高效地去工作、去生活，才能給你創造更多的價值。

我們對企業的認知層次不能太低，不然就會發現自己總是侷限在小作坊裡，走不出來。

怎麼才能當甩手掌櫃？

Q 我開了三家提供零售服務的店鋪，但平時也就是個甩手掌櫃，在管理上比較鬆散，這導致一家老店的業績有所下滑。因此，我想請您推薦幾本與股份、分紅相關的管理類的書。

個體經營者想要什麼？想要不操心，還能賺錢。怎麼才能實現不操心還能賺錢呢？給員工分股份、分紅，你的店鋪管理就可以實現自驅動了。不可能的事。「分紅打天下」的方法根本就不管用。如果你靠分紅把員工激勵起來，將這家店經營得很好，那他就會想，他自己做也會做得很好。分紅多少算夠？對他來講，百分之百的利潤才是滿意的。

如果沒有祕密，一個公司就算再能自驅動，也是造出來一大堆垃圾，因為它本身並沒有獨特的創造。我之前寫了一本書叫《低風險創業》，但是，低風險創業不代表不努力，不是「好吃懶做就能贏」。

每一個了不起的公司，一定都有自己的祕密。優衣庫為什麼能夠一家又一家地開店，就因為它能做到貨品又好又便宜。祕密就是公司的護城河，沒有祕密的公司，做再大都賺不到錢。

不要老想走捷徑，要用心經營，打造出一個祕密，這個祕密是你的公司區別於別的公司的護城河。

別老想著做甩手掌櫃了，使點勁，上點心吧。

老闆和員工稱兄道弟，卻被索要特權，怎麼辦？

Q 我一直堅信，自己可以和同事們成為好朋友，所以我和員工私下裡關係都比較好，稱兄道弟的。但是，有些員工卻因此在工作中「搞特權」。如果我同意了，公司的規章制度就受到了挑戰；如果不允許，我們之間的關係就會受到影響。怎麼更好地處理這個問題呢？

孔夫子講，「君子群而不黨，小人黨而不群」。如果你需要用給特權的方式來交朋友的話，交到的朋友也是小人。如果你能夠做到「群而不黨」——我們是一群志同道合的人，但不需要結黨營私，團隊的氛圍會更好。

《聯盟》裡說，千萬不要把公司做成一個家庭，同事彼此都是朋友。這樣的話，公司就沒法做了。為什麼？因為朋友和家人是不能開除的。所以，如果你把自己的企業文化打造成了「哥兒們文化」、「家庭文化」，不管是你開除員工，還是員工離開你，對雙方都是傷害。

同時，在這樣的公司裡，沒有是非，沒有標準，企業文化非常糟糕。

公司應該被打造成一個球隊。當公司是一個球隊的時候，你會發現，所有人的共同目標只有一件事——贏球。如果你妨礙了我贏球，對不起，你得離開。如果你支持、幫助了我贏球，我們就是親密的隊友。這時候，整個公司的氛圍就是對的。在這種狀態下，你開除一個員工，或者某個員工離開，對公司來講可能是一件正向的事，而不是一件負面的事。這才是經營公司的做法，而不是一群哥兒們在一起，你給我面子還是我給你面子，你聽我的還是不聽我的。

因此，好的管理者要做的最重要的事，就是打造公司內部的一致性。CEO（Chief Executive Officer）不只是首席執行官，還是首席解釋官，他需要不斷地向員工、客戶、投資人等，介紹公司的理念是什麼，公司要做什麼。

員工其實是我們的投資人。他們雖然沒給我們投錢，卻投入了他們的青春、才智。如果你視員工為投資人的話，就要做到一件事：對投資人負責。什麼是對投資人負責？你要確保他們在你這兒工作了三年以後，成了一個更好、更專業的人。所以，你對他們要求嚴一點、高一點，不是什麼壞事，你是在對他的投資負責。

如果想了解更多相關的內容，不妨讀一讀這兩本書：《聯盟》和《商業的本質》。

如何提高應屆生員工的穩定性？

Q 因為行業性質，公司會大量雇用應屆畢業生。他們都有一個特點：選擇一樣東西特別容易，放棄也特別容易。他們大多抱持「世界那麼大，我想去看看」的心態，工作穩定性較差。請問怎樣才能維持應屆畢業生的工作穩定性？

這方面的理論我沒有認真研究過，只能從實踐的角度來說一說。

我們公司的應屆畢業生，甚至實習生，都挺穩固的。我們的很多員工是在大三實習時就進入公司的，一直做了五、六年。這些應屆畢業生想去外面看一看，不是因為外面的世界多有誘惑力，而是因為眼前的工作特別無聊。如果你能夠讓他們透過眼前的工作看到整個世界，他們不就留下來了嗎？所以，你要想想看，你是不是真的替這些員工著想了。**如果我們能讓員工意識到，這份工作就是他走向社會的階梯，是他了解大千世界的一個切入口，能讓他知道自己三年、五年以後會成為什麼樣的人，他個人的目標才會跟公司的目標綁定在一起，這時他的穩定性自然會提高。**

所以，問題根本不在於員工說的「世界那麼大，我想去看看」。這句話不是獨屬於應屆畢業生的，八十歲的老人家也會這麼說。只要一個人覺得眼前的世界無聊，他就可能會說這句話。不要把這個標籤貼在應屆畢業生的身上，不要試圖用合約條款來控制他們，多去想一想有沒有什麼方法可以提高公司的黏性，比如可以遊戲化地去設計工作流程、回饋機制等。

在《可複製的領導力》中有一章提到「遊戲改變領導力」，其中最重要的思想來自《遊戲改變世界：遊戲化如何讓現實變得更美好》這本書。工作其實就是一個遊戲，只不過有的設計得比較差，有的設計得比較好。你可以把自己的遊戲設計得更好一點。

雖然因為行業問題導致離職率高，但也有兩個辦法來解決。第一個辦法，如果這個工作只需要一雙手，可以換機器人來做。第二個辦法，儘量縮短培訓員工的時間，比如說麥當勞的員工流動性非常大，但是沒關係，因為一個小時就能培訓出一個合格的員工。麥當勞永遠都在徵店員、店長，人來了很快就能上手操作。

你把員工的離開視為一種常態，設定一個機制來應付這種常態也是可以的。無論怎樣，我覺得尊重人的發展是所有企業都應該去做的。

很多時候，就是因為我們總是想讓自己心裡舒服，而不是考慮對方到底要什麼，才做出了很過分的事。

Part 3

生涯

幸福感絕對不是來自外在條件，
而是取決於你是否擁有感知幸福的能力。

如何對單調重複的工作保持激情？

Q 「樊登讀書會」做了這麼多年，您每個星期都要講一本書，在這種情況下，您現在還能保持對讀書的興趣嗎？還是因為工作需要，才不得不保持這個習慣？我做每一份工作都是因為我曾經非常熱愛它，但是做到一定職位或掌握了一定技能後，慢慢地，我就會覺得這件事變成了一個負擔。如何才能保持對工作的激情呢？

這是一個很好的問題。你們都特別擔心我被讀書綁架，成為一個為了讀書而讀書的人。

其實還好，閱讀至今依然是我最大的興趣。我最近在讀《德國史》。這本書肯定不會放在講書書單中，但是因為喜歡，我就讀了。讀完了覺得很有收穫，不講也沒關係。我也不會為了收聽率而讀書。

很多人說我們親子類的書收聽率高，要我多講點親子類的書。我並沒有這樣做，因為現有的已經夠了。如果你讀了二十多本親子類的書還不能做一個好父親或好母親，那肯定不是書的問題，而是你的問題。

我還是會去選擇讀那些有趣的書，比如《有限與無限的遊戲》、《基因傳》等。我並沒有為了取悅用戶去改變自己的閱讀習慣，相反，因為不斷地進步和拓展，我和用戶會達成雙贏。大家會看到，樊老師讀的書還挺有意思的。

如果你學不會對同一件事保持持續的興趣，最終所有事情都會讓你膩煩的。老穿一樣的衣服，你不膩嗎？總跟同一個男人生活在一起，你不膩嗎？總是走同一條路線上下班，你不膩嗎？能不能從平淡中感受到喜悅、從生活中發掘美好的能力才是最重要的。

如果連讀書這麼有趣的一件事都變成我的負擔，天天抱怨「又要講書了，煩死了。找本最容易的趕緊讀，讀完了，趕緊講」，那我的生活會變得非常無聊。好在我已經擁有了從平淡中發掘美好的能力，總能不斷發現出乎意料的書，所以讀書並沒有成為我的負擔。我是怎麼做到的呢？我總會給自己留出很多富餘的時間，從容地去選擇自己想讀的書。

老客戶讓我當商業間諜，我該怎麼拒絕他？

Q 我有一個客戶，近期業務拓展，要開發一種新的模式。他知道我有個朋友在做這一行，就想讓我去做商業間諜，去打探人家的商業模式，給他借鑑。但我很不願意，他就用「我們合作這麼多年了，關係這麼好」來壓我，搞得我左右為難。主管還給我壓力，說不能和客戶弄僵關係。我要怎麼做才能既拒絕他，又不得罪他？

這是相當考驗價值觀的問題。我推薦三本書給你。你可以先對他表明態度：「我去跟朋友聊了，人家保密，所以我幫不上太大的忙，實在是不好意思。但我幫你找到了一些公開資料，樊老師講過的《共享經濟：重構未來商業新模式》、《低風險創業》、《反脆弱》，你都可以聽一下。」你把這三本書推給他，肯定比他去模仿別人的商業模式要強得多。與其給他偷一個商業模式，不如告訴他怎麼創業。

靠商業模式成功的公司，如果沒有祕密，最終還是賺不到錢。一定要靠自己不斷地摸索出一個祕密，並且有持續打造祕密的能力，公司才能發展得好。你能輕鬆地拷貝別人的商業模式，別人也能很輕鬆地拷貝你的商業模式，最後大家只能打價格戰，誰也賺不到錢。

面對客戶的這個要求，選項如果只有「戰」或「逃」，說明你自己害怕了。人一害怕，就會失去靈活性，原始的自我保護的動力就出來了。是得罪他，還是幫著他做壞事？好像只能二選一。不是的，還是可以有第三個選擇的。你的底線是不能卑劣地去偷別人的東西，但你也不能讓客戶覺得你根本就不關心他。我們講過很多跟溝通有關的書，比如《掌控談話》、《關鍵對話》，每本書都帶著方案，都會解決問題，都能讓你跟別人溝通時不吃虧。

最後再強調一點，**你的客戶是否認同你，不取決於你對他的態度，而取決於你對他有沒有價值**。如果你有足夠的價值，你罵他，他都跟著你。所以，提升你的價值，提高你的知識含量、技能，才是你在本行業裡持續走下去的王道。

工作多年被公司開除，如何扛過去？

Q 我是一個曾在世界五百強企業裡服務了二十年的普通員工，因為行業不景氣，公司在未來的一到兩個月內會緊急裁員50％，且被裁的大都是四十歲左右的技術工程師。雖然公司有適當的補償，但人到中年再就業，前景似乎不太樂觀。因此，我們中的很多人產生了負面情緒，甚至做出了一些非常負面的行為。如果您是我們這50％中的一員，您會如何克服這方面的焦慮？如何規劃未來幾十年的人生呢？

被裁員，放在西方世界，那可是了不得的事，那些被裁的人的家庭可能會因此而亂成一鍋粥，而在電影《型男飛行日誌》裡，有些被裁的人甚至會採取極端行為。

這就是我以前講過的「火雞效應」。《反脆弱》裡講了，老闆每天給你發工資，你覺得老闆很愛你。這就像一隻火雞一直被主人投餵，直到感恩節來臨，牠要被做成火雞大餐，才知道「完了，人生就此結束了」。

我一直認為打工比創業的風險大，其實就是這個原因。我們能看到，這個世界的經濟在不斷地向好的方向發展，但我們也要承認，它在發展過程中也震盪得厲害，一定會犧牲掉很多人。再加上人工智慧的引入，有些行業對人的需求量會變得越來越少，因此這類行業的失業者也就會越來越多。所以，**我們不要把自己的人生變得特別脆弱**。

希望大家理解：**風險和收益之間永遠都有一個最大的變數——能力**。對於能力強的人來說，只要能解決掉風險，風險就不大；對於能力弱的人來說，做任何事，風險都很大。不如瀟灑一點，把被辭退視為提升能力的契機，不要老想著靠著原有的一點技能混飯吃，這是非常危險的。大家決定這件事能不能做的核心，是它對未來的發展有沒有幫助，這樣一想，問題就簡單多了。

只會考試，未來該怎麼辦？

Q

我現在大學畢業不久，之前大學四年主要是在打遊戲。現在突然發現跟我一起打遊戲的朋友，不知道什麼時候已各有歸屬。朋友的建議是，女人最大的事業就是婚姻，青春就是最大的競爭力，趁著年輕，要把相親日程給排滿。父母現在很後悔，覺得對我的教育是失敗的，只關注我的成績，還說如果我以後生了孩子，一定要從小就開始培養各方面的能力，不要像我這樣，似乎只會考試。我也確實如此，只會考試，所具備的也就是應試技巧。這樣的我，未來到底該怎麼辦？

確實有很多只會考試的人。我認識一個小女孩，就像你這樣，一直過得渾渾噩噩，不知道該幹嘛。有一天她突然想創業，因為喜歡吃各種梅子，她就去聯絡了很多廠家，開始搞「梅文化」。現在她已經在各處開了很多店，從這件事裡，她找到了樂趣。所以，世界這麼大，你還這麼年輕，現在就說對什麼事都沒興趣，我感覺有點為時過早。

現在你和你父母都認識到了之前只注重考試、只看成績的錯誤，這就是一個很好的改變契機。興趣是可以培養的，方法就是，找到一件事深入進去，只有深入進去，你才能越來越有興趣，淺嘗輒止最後只會覺得百無聊賴。做這些事並不妨礙你相親，你可以一邊努力工作或創業，試著去發揮自己的能量，一邊尋找合適的對象。我不知道你有沒有看過《活出生命的意義》這本書，如果沒有，建議你去讀讀看。讀了它，你會發現，最終能給我們帶來興奮感、帶來持續幸福感的東西，是我們所找到的自己生命的意義。

打遊戲為什麼不能滿足你？因為在遊戲裡，你除了得到等級、裝備那些「分數」，沒有得到更多的意義，你成了遊戲開發商賺錢的工具。所以你要醒過來，看清楚遊戲是虛假的，打遊戲是沒有意義的，然後嘗試著去做一些能夠讓你感到有意義的事。**多多嘗試，不斷地試，直到找到一件能讓你心潮澎湃並樂此不疲的事，那就堅持**

做下去，或許那就是你生命的意義所在。

想轉行賣保險又怕丟面子，應該怎麼辦？

Q

我們或許有意無意地都會給自己立個「人設」，進而被這個「人設」束縛。但是如果完全沒有「人設」，把自己最真實的一面展現出來，是不是又會給自己帶來一些不好的影響？比如，我之前是做廣告的，現在想轉行去賣保險，但是我又擔心我之前積累的那些資源、人脈會因此看不起我？我應該怎麼辦？

給你推薦一本書：《有限與無限的遊戲》。書裡講到，「無限遊戲」的玩家們永遠都不會去過「劇本化的生活」，而是過著「傳奇化的生活」，而「有限遊戲」的玩家，永遠都在過「劇本化的生活」。

當你給自己設定一個確定的人設，告訴自己和別人「我是一個什麼樣的人，我應該怎麼表現」時，你就是在過典型的劇本化的生活。當你像蘇東坡一樣，今天被貶到黃州了，在黃州生活很開心，明天被貶到惠州了，在惠州生活也高興。「我」隨時可以變成農夫，變成中醫，變成書法家，那就是在過傳奇化的生活。

孔夫子早在兩千多年前就說過，「君子不器」，翻譯成現代話就是「人不要為了人設而活」。從「我要把自己變成某個容器，硬鑽進某種『人設』，我成功了」到「我就是一個這樣的人」，你是為了誰呢？我們腦子裡整天想著「別人會怎麼看我，怎麼說我」，但其實真正關心你轉行換了工作的人可能都不超過三個：你爸、你媽、你伴侶。除了他們，別人根本不關心。其他人最多可能會在見你的時候隨口說句：你現在幹這個啊，挺好的。因為這件事跟人家沒有任何關係。但是你可能會覺得失落難受：這個人脈又消失了。

如果你只想生活在自己過去的存量中，那生活中的任何改變都是痛苦的。

很多年輕人曾經問沙特什麼是「存在主義」，還問他「我很迷茫，不知道該怎麼做，未來該幹什麼」，沙特就回答了三個字「去創造」。你可以思考一下沙特說的這句話。你的人生是你自己創造出來的結果，跟其他人沒有任何關係。

像我投資做蛋糕店，其他人跟我說：「樊老師，你別老提這個。」我問為什麼，他說影響我的形象。我說：「投資蛋糕店挺好的呀，怎麼就影響我的形象了呢？」他說：「你是個讀書人，不要把『讀書人』這個人設給打破了。」我說：「我不，我的人生就是喜歡幹啥就幹啥。」

我們不需要為別人的眼光而活，只需要保證自己每天都在進步。想轉行，你就大膽去換吧！

想轉行，又擔心陌生的專業隱藏著巨大風險，該怎麼辦？

Q 我工作了近三年，感覺在現在的單位既賺不到多少錢，又得不到成長，我想改變。但是，社會上很多行業都是我未曾涉獵的，我擔心轉行會有很大風險。我是學金融經濟的，轉行的話，我不知道自己是否能適應其他行業。

現在很多人找工作都在跨行轉專業。你去把任何一個公司老總拉出來，問他是不是學企業管理的，我相信大概百分之九十都不是的。

我大學學的是金屬材料及熱處理專業，但我從來沒有做過專業對口的工作，我畢業後就去電視臺做節目主持人、當記者，現在講書，講心理學和各種各樣的知識。都是學來的嘛。

你要向伊隆．馬斯克學習，他敢於開除他的會計，說：「你走吧，會計的工作交給我！」當天晚上他就自學會計知識，自己把公司的會計事務頂起來了。你要連這點氣魄都沒有，我覺得你需要好好鍛鍊的是勇氣，而不是糾結能否適應其他行業。

如果你真的想探索一個新的領域，有很多種方法。我推薦你閱讀《低風險創業》，想辦法去尋找一種低風險創業的方式。同時，還可以讀一下《離經叛道：不按常理出牌的人如何改變世界》。這本書很重要，書中提到優秀的創業者是善於平衡風險的人。

你有很多種機會去嘗試新的路徑，該做什麼就去做。**如果你總是在害怕，不願意自己邁出第一步，而是希望其他人把你踢出去，人生的可能性就是有限的**。核心是，你要提高責任感，人生掌握在你自己手上。有的人會歸咎於自己的專業：「我學的專業不好，都是爸媽讓我學的。」不打開這個心結，內心可能就會有一種潛在的阻力：不希望自己的日子過得好。因為只有他的日子過得不好，才能證明爸媽當年錯了。

任何抱怨、責備、追悔莫及，都會讓你停留在過去，止步不前。

你當年選擇了聽爸媽的話，學了不喜歡的專業，現在你依然有能力選擇讓生活變得更美好，你的人生永遠都是自己選擇的結果，跟你的爸媽沒有關係，跟你的老師也沒有關係。你反而應該感謝他們賦予了你技能，挑戰了你的大腦，讓你學會了很多非常難的東西，而正是這些，讓你能夠立足於世。

如何擁有「睡後收入」能力？

Q 我現在面臨一種狀況，每次工資到手，還完信用卡、交完房租之後，就所剩無幾了。有個詞叫「睡後收入」，我身邊也有這種有「睡後收入」的朋友，他家裡有好多套房，房租就是「睡後收入」。我也想有「睡後收入」，那如何才能擁有這種能力呢？

「睡後收入」不是靠「收房租」實現的。收房租不算什麼了不起的本事，你應該考慮的是別人怎麼能買那麼多房子，這個過程是怎麼發生的。錢不可能憑空掉下來，我們需要有賺錢的能力、理財的能力。

賺錢和理財是兩件事。工薪階層想獲得更高的收入不是一件容易的事。我過去也是工薪階層，每個月就那麼多工資。在這種情況下，一旦發生什麼動盪，比如公司經營狀況不好或者操作項目裁撤了，你可能就沒有收入了，壓力真的很大。所以你不能停止折騰。比如，J．K．羅琳堅持寫小說，最終寫出了《哈利波特》，版稅可謂源源不斷，成了全世界最有錢的女人。劉慈欣，一邊上班一邊寫《三體》，現在《三體》已經成為中國乃至國際科幻小說的標竿。我在講書後摸索出了「知識付費」這種模式，只要我講書的內容不斷地播出，我就會不斷地有收入，不管我是不是睡著了。所以，你得從收益模式上去思考人生。

邊際成本太高的收入，不叫「睡後收入」。上班的邊際成本就特別高，每個月要想賺一萬塊錢，得花三十天。所以你要去想，怎麼做出一個東西，不僅有收入，且邊際成本低。這就是打造「睡後收入」的過程。

巴菲特和查理．蒙格都說過，這個世界上最可怕的事就是複利，複利是比原子彈還要可怕的事。巴菲特和查理．蒙格的投資年化收益率也就是19％而已，只不過他們堅持了五、六十年，就成了世界首富。為什麼現在大力鼓勵大眾創業？如果你不創業，你就永遠是在拿自己的時間去換錢，但一個人的時間畢竟是有限的。

你必須做出決斷，思考一下，能不能找到一個創業的方向。趁著年輕，學習一個新技能，琢磨一個新商業模式，搞一搞創業，我覺得完全沒有問題，慢慢探索嘛。在創業的過程中，你要牢記《離經叛道：不按常理出牌的人如何改變世界》這本書裡講的：學會腳踩兩隻船。我並不是勸大家都去挖自己公司的牆腳，一個有創業精神的員工會給公司做出更大的貢獻。如果我們公司有人要創業，我都會說：你先別辭職，在公司先做，下班的時候去試，試成了再辭職，這樣你的成功概率會更高。

所以，我建議大家可以白天好好上班，晚上去研究一個項目，看看能不能帶來「睡後收入」。**「睡後收入」不能靠突發靈感，而要靠不斷地摸索、打拚，找到正確的方向，尋找邊際成本更低的收入模式。**

搭檔不敬業，怎麼辦？

Q

我是一名雜技演員，我跟我的搭檔已經合作五年了。我們一起註冊了一個公司，但我感覺我們現在完全不同頻。雜技是一件需要投入很多時間的事。我想有自己的作品，便把工作當成事業來做。但我的搭檔似乎不這麼想。他有兩個孩子，一般有演出時才出來，沒演出就一直待在家裡。我越來越感覺我們倆根本就沒辦法一起合作。一想到這個問題，我就好焦慮。

演員需要有自己的作品，留下一些經典的代表作品，就是演員的追求，因此我特別理解你的焦慮。

對於創業，有一點你一定要想清楚。靠一場一場地演出邁出創業第一步，賺第一桶金，這是沒問題的，但是這個模式的邊際成本太高了。每掙一次錢，你都需要去演出一次，不去就掙不到錢，這很難做成公司。要做成公司，你就必須得想辦法降低邊際成本。

降低邊際成本有這麼幾個方法。比如說教學，你們可以創造一套課程，教小朋友提高柔軟度、做伸展，幫助他們獲得更好的身姿。用這套課程招生，教小孩，這和一場一場演出就不一樣了，賺的是穩定的錢，可以做公司了。還有一種更厲害的，你能不能把自己打造成某一個形象，或者說，具備某種特徵的IP符號？

比如前段時間有個西安女孩特別紅，她就站在不倒翁上，腳下其實就是一口鍋，這個不倒翁女孩把一家鍋廠都救活了。好多人學她在腳下放一口鍋，站在上面像不倒翁一樣跟人握手。她紅得不得了，把西安的旅遊都帶火了，這就是典型的IP化。現在這個不倒翁女孩的衍生品都出來了，手帕、玻璃杯什麼的都有。你本來是一個雜技演員，結果變成了一個IP，就可以賺這個IP的錢。

現在的短影片平臺其實給藝術工作者開拓了一個很大的天地。有的女孩在家裡練一字馬、練體操動作都有人看。如果你把自己當作雜技演員，大家對你的要求會特別高，會覺得「你還不行」、「你這還不算最厲害的」。如果你把自己當作一個普通的小姑娘，這就超厲害了，比別人厲害得多。你可以找到一個落差，把自己打造成某方面的IP。創造力、想像力很重要，把你身上的美好、功夫、特質透過短影片表現出來，這才是創業的方向，這種情況下有沒有那個搭檔其實並不重要。

你不用跟搭檔說不再跟他合作了，你只要告訴他：我現在要做一些事，你要願意做，咱就一塊做，你要不願意，我就自己做。他不來你就自己做。做完了，智慧財產權是你的。大家認識你，不認識他。

當你和他的差距拉得越來越大的時候，其實什麼話都好說了。現在只是因為你倆的差距還不夠大，所以看上去互相依存，誰也離不開誰。

一**輩子走過來，總得換幾個搭檔，這是正常的**。

「咱倆一起餓死吧」，這種情況下兩人的關係肯定是非常要好的。但是，何必要一起餓死呢？你該進步就進步，看到了你的進步，他也可能會被觸動，此刻他只是還沒看到。

職場上不想跟人爭，又怕吃虧，該怎麼辦？

Q

生活中我特別不擅長和人爭辯，因為我看到別人爭辯得面紅耳赤、動作變形、醜態百出，感覺特別不好。但是現在我開始管理團隊了，我是做創意產業的，有很多工作邊界其實是模糊的，如果我不能掌握談判的能力，工作就會越來越多，我的小夥伴也會越來越累。所以我想請教您一下，怎麼能夠提升談判的能力？

不和別人爭辯，其實未必是壞習慣，反過來，它很有可能會讓你更容易帶好團隊。管理者就是要透過別人來完成工作的。如果管理者特別喜歡跟下屬爭辯，讓下屬完全按照你的想法去工作，最終下屬會喪失動力，慢慢變成你戳他一下，他就動一下。你使的勁大，他多跑一點，勁小他就不做了，最後你會非常累。這是普通人進入管理崗位後最常遇到的狀況。如果每件事都需要你去說服別人，你的工作會變得越來越困難。

彼得·杜拉克講過一句話，我在管理工作中最常用到。他說，**管理的核心是最大限度地激發他人的善意**。你想想看，如果你真的口齒伶俐，一天到晚跟別人辯論，遇到什麼事都面紅耳赤地去爭，還總能贏，你這個人該有多討厭？這時候，員工的惡意都被你激發出來了，他每天想的就是「這個老闆好難搞。這個老闆找我來，又不聽我說話，完全把我當機器人」。

在我們從事的很多工作中，尤其是文化創意工作，員工本身的主動性、參與感、責任感特別重要。要調動他們的主動性、參與感、責任感，最有用的方法就是傾聽、提問、輔導，這樣員工會成長得很快。你也不用擔心他會超過你，因為他成長時，你也在跟著一起成長。所以，作為管理者，你最重要的責任是啟發員工，鼓勵他，發掘他，培養他。

很多書都是解決這個問題的。比如，《高績效教練》教給我們透過提問的方法啟發員工，讓員工找到解決問題的動力和思路。它還提出了GROW談話法：G是目標

（Goal），R是現狀（Reality），O是選擇（Options），W是意願（Will）。使用GROW談話法，你可以讓員工自行找到問題的答案並確定行動方案。《掌控談話》的核心是共情和傾聽，它告訴我們，怎麼做能讓別人開心地跟你聊天，並讓對方感覺一直是他在把控談話進程，從而最終讓雙方的意願達成一致。

《關鍵對話》這本書能有效幫助我們更好地傾聽。傾聽的核心是提問，學會正確地提問，才能讓對方敞開心扉跟你聊天。當員工能和你敞開心扉地溝通時，員工才會有參與感，才會自動自發地去工作。

老闆加薪很爽快，為什麼還是徵不到人？

Q 公司每次應徵新人，面試階段聊得都非常好，公司的待遇和其他方面的條件也都很符合應聘者的要求，尤其在工資方面，我們經常會在應聘者的期望值上多給一千或兩千。但是等打電話通知應聘者上班時，他們卻爽約了！這種事多次發生，我們找不到原因，就想請老師指點一下。

有人講過一句特別重要的話：徵才時，千萬不要把公司描述得太好。許多人力專員犯的最大的錯誤，就是徵才時對應聘者承諾「咱們公司很棒」、「福利待遇特別好」、「你想加一、兩千塊錢？沒問題」。用這種方式，你會招來一群什麼樣的人？你會招來一群好吃懶做、天天夢想「位高權重責任輕，錢多事少離家近」的人。他們是衝著你給的一線城市戶口來的，衝著「離家近」來的，衝著「高薪、高福利」來的，結果進到公司，竟然要他加班，竟然讓他承擔重任！他的工作狀態越來越不好，最後只能離開。

所以，人力專員千萬不要把公司描述得太好。相反，一定要告訴應徵者，工作很難做，壓力很大。外人都以為「樊登讀書」賺錢很容易。哪那麼容易？累死了！我們也加班，我們也很累。但是，我們在一起做的事，就是要改變世界。你要不要一起來？你要找的，必須是願意跟你一起改變世界的人。

賈伯斯當年更絕。在賈伯斯組建蘋果公司的時候，市面上哪有這麼多商業理論？當時，惠普、摩托羅拉是最火的公司。賈伯斯的原則是，他要從惠普挖人，給人家的薪水只是惠普的五分之一。一件特別有趣的事發生了：賈伯斯去挖一個比自己還大幾歲的惠普高管來做自己的副總裁，當時這個高管並不想去，畢竟薪資跟惠普比低太多了。結果，有一天早上，那個人一打開房門，賈伯斯就站在門口，問他：「你準備好改變世界了嗎？」這是原話，賈伯斯當時就是這麼說的。

他當然回答：「我沒準備好。」賈伯斯就說：「那我進來跟你聊聊。」賈伯斯進入他家以後，把一台Mac電腦放在桌上，喊高管的兒子來玩。大家記住，那是二十世紀八〇年代，很多孩子根本沒見過電腦，更不要說會玩了。但是，那個孩子很快就會玩了，玩得還很開心。賈伯斯就對這個高管說：「你看到我們的電腦對孩子的影響了嗎？將來這個東西，每個家庭都要有一臺，你要跟我一起做這件事。」接著，他就對孩子說——實際上是說給他爸爸聽的——「如果你爸爸同意跟我一起改變世界，這臺電腦就是你的了。如果他不同意，我就要把它帶走。」那位高管最終成了蘋果的副總裁。

找人，一定要找有熱情、有理想、能跟你一起改變世界的，而不是那些把眼光放在待遇、薪資上的。所以，你們的問題根本不在於那些人，而在於你們自己缺乏感召力和理想。你有沒有想好你的ＭＴＰ（Massive Transformative Purpose，宏大的變革目標）？你想過要為社會解決什麼問題嗎？還是你只想多賺點錢買間房？這是完全不一樣的出發點。沒有人願意為老闆買房打工，人們只願意透過打工實現自己的理想，提高自己的能力，為這個社會貢獻自己的價值。如果他為你工作一段時間後，想要自己出去創業，你還要很開心地歡送他，這才是一個好的企業。

此外，我推薦你讀一下《聯盟》、《指數型組織：打造獨角獸公司的11個最強屬性》、《哈佛商學院最受歡迎的領導課》這三本書，讀完它們，你對應徵會有更深入的理解。

任何抱怨、責備、追悔莫及，
都會讓你停留在過去，止步不前。

Part 4

創業

我們和其他人比起來，在智商上沒有多大差別，
千萬不要覺得你是公司創始人，就比別人聰明了很多。

總跟合夥人吵架，如何處理跟合夥人的關係？

Q 我有個問題，前兩天我跟一個合夥人吵架了，現在我們還沒有和好。我想問下，在商業合作中，處理好跟合夥人的關係有沒有什麼好的方法呢？

你說話的語氣，讓我覺得你不是跟合夥人吵架，倒像是跟男朋友吵架。我們跟合夥人吵架，都是為了事，坦誠地跟他談就好了。跟合夥人相處，不要那麼彆扭。搞清楚，你們是合夥做生意，不是在談戀愛。

《關鍵對話》這本書告訴我們，當有問題需要溝通時，你就對對方說「咱倆需要聊一聊」，然後在對話中控制好對方的情緒，塑造共同目的，最終解決問題。控制對方情緒的方法，第一個是你要學會道歉，第二個是你要學會觀照他的情感——我知道上次那件事，確實讓你覺得很不受尊重，在這一點上我的處理是欠妥當的——表達出你的共情和理解，不斷地塑造共同的目標，鼓勵對方參與到談話當中來，一起來解決問題。

再高級一點的話，你可以用《非暴力溝通》裡介紹的方法，核心就是你要聽出他每一句話背後的需求。有時候人們會說很多生氣的話、不負責任的話，這些話的背後一定都有一個需求，一定是他的某個需求沒有得到滿足，他才會說這些話。**如果你能夠準確說出並儘量滿足那個需求，你們的矛盾就會消失**。因為你們倆的本質利益是一致的，都希望公司做得好，那你倆本應該相親相愛，非常團結才對。但是，我們在生活中經常會看到本質利益一致的合夥人卻吵架吵得很厲害，核心原因就是，他們沒有聽出對方話語背後的需求，而只是關注自己的需求，說：「你不給我面子，你不尊重我，你不怎麼怎麼樣……」從而無法針對實質問題展開深入探討。

我們跟合夥人老吵架，原因就在這兒。

內容創業者不懂營運行銷，怎麼辦？

Q 我原來是公立學校的老師，在教了二十二年後，我從公立學校出來，開發了自己的教育品牌。但是，我知道，這只能影響一小部分學生。現在我想像樊登老師那樣，去影響更多的人，卻不知道該怎麼入手。

對內容創業者來說，你首先得做出一個MVP，也就是最簡化可行性產品，這個不需要投太多錢。產品做出來以後，你看一下你的價值假設，看看有沒有人願意為這件事買單，接下來你要看下這件事的增長假設：它能不能讓你的學生從十個變成二十個，如果能的話，需要多長時間？從二十個學生變成五十個學生又需要多長時間？這件事能不能實現快速增長？

假如你做的這件事必須得親自帶班，要再開一個班，你就得加班，那就說明它是很慢的，有瓶頸的，不符合增長假設。但是，如果這個MVP帶好了，口碑相傳，一個學生給你帶兩個新生，下一週你的學生就多了兩倍，再下一週再翻一番，很快你就能招到七、八十個乃至上百個學生，這就符合了增長假設。如果價值假設、增長假設都能實現，你就可以去融資，或者不融資直接開始招生，有人幫你一起經營，把事業逐漸做大。

你問題的核心不在於傳播技巧，所有傳播技巧都沒有內容本身重要，內容本身只要足夠好，一定會帶來廣泛的傳播。內容不好，僅靠傳播技巧，雖然可以在短期內飛快傳開，但是倒下來也飛快。

所以，我的建議是，你先好好地去把內容打磨好。你很難去問別人：你需要我給你提供什麼樣的教育形式？因為他可能並不知道。你必須去觀察他們，站在他們的角度來發現他們的需求，而這要求你有共情的能力。**一個人的共情力越強，越能夠理解他人、感知他人，就越容易設計出良好的產品**。

我推薦你去讀一讀《低風險創業》和《精益創業》，對你會有很大的幫助。此外，在推廣方面，我建議你可以讀一下《吸金廣告》和《瘋傳》，這兩本書是我的看家寶書。《吸金廣告》告訴你怎麼能寫出好的廣告文案，《瘋傳》教給你傳播的基本原理和方法。如果你的公司只需要做宣傳，那你們就太幸福了。因為大多數公司是既不知道怎麼做產品，也不知道怎麼去宣傳，更不知道怎麼開發大客戶。

沒錢沒人脈，創業被人嘲笑怎麼辦？

Q

我今年二十一歲，是一名在校大學生。我給自己的定位是半個創業者。我打算做青年旅店，想用自己的理念做出一個品牌。我現在有一些計畫，也在落實一些計畫。但我現在面對的最大問題是，我生活中充斥著一種聲音：你是一個二十一歲的年輕人，你沒錢、沒資源，憑什麼去做這些？這種聲音有的來自我的長輩，有的則來自電視、文章或其他管道。有些觀點說，在這個全民創業的時代，年輕人有什麼優勢？除了年輕，還有什麼？我無法遮蔽這些聲音，無法做到不去理會那些聲音，因此我現在負面情緒特別大。

其實你是自己嚇自己。因為心虛，所以急需得到外界的肯定，希望更多的人給你打打氣。所有的案例都只是歸納法裡的一個例子，無法完備論證這個世界。比爾·蓋茲輟學創業成功了，不代表著你輟學創業也能成功。但是，那些反對你的聲音也沒什麼科學性。二十一歲沒錢、沒資源很正常，三十歲還沒錢、沒資源的也大有人在。所有人的錢和資源都是賺出來的，不是創業的時候天生自帶的。

另外，有一個原理更重要：創業時，錢和資源根本不重要。我做「樊登讀書會」時沒有投過一分錢，沒有動用過任何資源。我沒有說過「我認識某某某，所以我怎麼怎麼樣」，就是憑真本事吃飯。你講一本書，有人願意買，就收他三十塊錢。你蓋一間旅店，有人願意住，就收他三百塊錢。錢和資源不是問題，你可以遮蔽掉這些聲音。至於大學生創業失敗率為什麼那麼高，有一個非常重要的原因是學得太少，像比爾·蓋茲這種人，他們上大學時就讀了特別多的書。

同樣是年輕人創業，擁有大量知識的那個年輕人，創業的成功率會更高。創業需要知識，我給你推薦一本能幫你創業的書——《低風險創業》。

對你來說，核心問題是不要掙太小範圍內的錢。大學生創業最容易掙校園周邊的錢，但是掙這種錢很容易把你變成校園周邊的二房東，最後畢業十年了，別的同學已經幹了很多別的事，你還在這裡收房租。因為你當年看到的就是這一小片市場，你沒想過這件事沒有拓展的空間。

選擇一個行業，最重要的要看什麼？第一，看這個行業的市場是不是足夠大。如果整個市場的資金容量都不到十億元，你不管怎麼做，一年都只能達到一個億，就到頂了。這就沒有前途，也就沒人會給你投資。第二，能不能把邊際成本降到很低。比如開旅店，如果全靠自有資金去一家一家地買，你會發現永遠賺不到錢。因為只要賺了錢就要開下一家，不斷投資，停不下來，但是一旦現金流枯竭，這些旅店最後可能全都要倒閉。所以，必須找到降低邊際成本的辦法。第三，能不能打造出一個屬於自己的祕密——你做出了一個品牌，但是別人很難模仿。好的公司，即便把自己的祕密攤開了給別人看，別人都模仿不來。就像海底撈，你都可以去參觀他的後廚，但是如果你想開一家跟它一樣的火鍋店，那沒門兒，你學不了。

所以，如果你能找到一個容量足夠大、邊際成本足夠低、你又能摸索出祕密的市場，你就好好去做，沒問題。不要自己嚇唬自己，你身邊可能沒什麼人嘲笑你，只是因為你內心不夠自信，主動在接收那些不認同的聲音。

真的不能和好朋友一起創業嗎？

Q 我現在是跟朋友、同學一起創業的，且擔任著主管職。對於這種朋友、同學一起創業的情況，您有沒有更好的建議？

送給你三句話。

第一句話，「君子周而不比，小人比而不周」。如果你聽過我講的《論語》，你就知道，你需要有獨立的人格，在獨立的人格上把大家團結在一起，而不是靠勾勾搭搭、拉拉拽拽，把一個團隊綁在一起，這是「君子周而不比，小人比而不周」的核心。

第二句話，「君子和而不同，小人同而不和」。這句話的意思是，大家在一起可以和諧相處，卻不需要完全保持一致。你跟我的想法不一樣，我就認為你不可理喻；

你跟我的想法不一樣，我就要跟你吵架。這肯定不行。想法不同，但我們照樣可以和諧相處。

第三句話，「君子群而不黨，小人黨而不群」。這句話更重要。有本書叫《笑傲江湖》，主角令狐沖的師父叫岳不群，金庸先生從名字上就告訴我們，這個人是個小人，因為他叫「岳不群」。你跟你的好哥兒們一起聯合創業，卻不分邊界，覺得大家是好哥兒們，就一定得是一派的，要互相支持——不管什麼事情，你都得支持我，你怎麼可以反對我？但是，如果明明是你不對，他為什麼不能反對你呢？因為彼此是同學、朋友，你就要求對方總要跟你保持一致，哪怕你們在私下裡吵翻天，但在公司裡，在公開場合中，對方就是不能反對你，要互相維護，這都是「小人黨而不群」的做法。「君子群而不黨」，就是「我們雖然是好朋友、好哥兒們，但是在意見不一樣的時候照樣可以討論」。

這三句話在某種程度上可以視為建立團隊的三個原則。如果你能把這三個原則吃透，並貫徹執行，那麼你跟誰合作都是一樣的。建議你好好讀一讀《論語》，其中蘊含著很多智慧之語，對你創業、與人交往都大有益處。

和同學、朋友共同創業的一個核心要點是，要尊重每個人的獨立邊界，不能因為感情好，就模糊了彼此的界線。要做好分工，相互尊重，如此才能長久友好地合作下去，否則最終只會分道揚鑣，更有甚者關係破裂。

作為公司創始人，具體要幹哪些活？

Q 您怎麼定義創業者？在創業的過程中，您扮演的是什麼角色？您和您的團隊是怎樣的相處模式？能不能分享一下？

首先我要強調的是，我的模式對你未必有用。人和人是不一樣的，對我這個行業、我這個公司、我身邊的那些人來說，我的模式恰好有用。所以，我的經驗只能參考，不能複製。

我在團隊中所做的最重要的事有三件。第一是指明方向。在公司裡，我是指明方向的人。「我們要用知識來為人和組織賦能」，這是我們的宗旨，我一直在說，走到哪兒都說，我向所有的員工解釋，向所有的客戶解釋，在所有的演講場合解釋。「我們要帶領三億國人，每人每年讀五十本書」，這是我們的目標，是我們不斷在宣導的。所以，大家覺得跟我在一起做事，方向是明確的。

第二是充分信任他人。在公司裡，我始終相信他人的潛能。我是怎麼做到這一點的？是被大量事實教育出來的。很多過去我根本瞧不上的員工，離開我們公司以後，有的自己創業，做得很好；有的去了別的公司，也做得很好。這就說明一件事，就是那些員工在我這個地方被委屈對待了。我根本沒有把他們的潛能發揮出來。所以，我們要打心底相信他人的潛能。

我們和其他人比起來，在智商上沒有多大差別，千萬不要覺得你是公司創始人，就比別人聰明了很多。當一個人的權力特別大的時候，其表現跟額葉受損患者的症狀有點像，會突然覺得自己好像比別人都聰明一點，其實只是權力在膨脹罷了。你要知道你的員工可以做出比你聰明得多的決策，而且只有你的員工才原原本本地知道事物的原貌。作為一個領導者，你高高在上，視角本身就是變形的。所以，如果你覺得你每一句話都必須被尊重、被執行，團隊才有執行力，那你的公司就很危險了。

第三就是不斷地輔導他人成長。需要注意的是，這裡有一個很重要的概念，就是「輔導並不意味著我比你強」。雖然我不比你強，但我照樣可以輔導你。我會透過提問的方法不斷地去提升員工的覺悟，提高他的自我認知，了解自我責任。一個人能不能把一件事做好，就這兩個要素最重要：一個是自我認知，他清不清楚自己所在的環境如何，了不了解自己的現狀；另一個就是自我責任，他知不知道這件事是需要他來做的。所以，我的任務就是告訴所有員工，這事需要你來做，你是這方面的專家，你來問我怎麼做，我不知道。我的公司在上海，我人在北京，我就不在公司上班，每個月大概去一次上海。每次去了，很多人就會找我彙報工作：樊老師，你看這個能不能做，那個能不能做。我一般的回答就是：我不知道，你自己看，你自己選，你自己負責，虧了算我的，賺了算你的。因為作為管理者，你要去替團隊承擔責任，你要允許團隊犯錯。

以上就是我在公司裡承擔的最重要的責任。當然，我也有具體的工作，就是每週講好一本書。這就是我在做的事。

怎麼做才能獲得更多的客戶？

Q 我是做企業融資的，雖然路已經走通了，但是在獲取客戶上遇到了「瓶頸」，現在有什麼比較有效的獲取更多客戶的方式嗎？

我講過一本書叫《增長黑客：如何低成本實現爆發式成長》，裡面講了一個增長漏斗模型。首先你要讓顧客知道你，然後讓顧客願意嘗試你的產品，顧客嘗試完了產生銷售，銷售完了產生顧客分享。不管是做APP還是做網站，你都可以去研究一下以上每個環節的資料，看看哪個環節做個微小的調整會產生一個什麼樣的結果。每天進行實驗，厲害的人一週內可能同時進行五、六項實驗，一、兩週之後，每一項都有相應資料，拿資料來對比，看哪個方式更有效。

只有採用這種方法，你才能保證你有十倍速的客戶增長，這就是《增長黑客：如何低成本實現爆發式成長》的一個基本思路。

把你們的價值鏈梳理一下：有多少人知道你們，有多少人嘗試過，有多少人花了錢，有多少人跟別人分享了。其中每個環節都可能做到十倍增長。所以，做公司最重要的就是快，快速地試。好多公司不去試的原因是什麼？是因為創業者本人或合夥人團隊太驕傲，驕傲地以為自己的經驗最有用。實際上，你找一個陌生人，找一個年輕人來做這件事，可能改一句廣告語，銷售就翻了幾倍；或者調整一下頁面，減少幾個按鈕，銷售就翻了幾倍。這都需要用數字來說話，而不是靠主觀判斷，覺得怎麼樣就怎麼樣。工具的作用就在這兒。

經濟大環境受影響，中小企業怎麼突圍？

Q 最近幾年經濟環境複雜，中小企業面臨的挑戰非常大，您對中小企業的發展有什麼樣的建議？

這個問題很大，但總體來講，經濟的大環境和企業的微觀環境是兩回事。很多企業是在經濟不景氣的時候崛起的，因為只有這時候人們才會開始思考。經濟環境太好，大家隨趨勢一起下海，只要投資就能賺錢，也就不會出現偉大的企業。只有在這種經濟發展趨緩，大家都不看好的時候，我們才會思考有沒有更好的方法，用創新來解決問題，實現逆勢翻盤或崛起。所以，我不覺得中小企業要把「經濟形勢不好」掛在嘴邊，那個跟你沒什麼關係。經濟環境不好，難道周圍的人就不花錢了？實際上大家花錢還是滿多的，只不過他們花錢的方式變了。比如，現在很多人選擇去直播間裡買東西，而不去商場裡買東西了。

在經濟發展趨緩的時候，企業競爭力尤為重要。這個時期還是優勝劣汰的重要時刻，那些競爭力差的企業被大量淘汰，而那些競爭力強的企業則能堅持下來，熬過這個艱難的時期，它們就可能會迎來最好的時候了。所以，在經濟發展趨緩的時候，中小企業要好好挖掘自身的潛力，苦練內功，合理化流程，把控好產品品質，提高客戶滿意度，提高企業競爭力，最終在優勝劣汰的經濟環境中生存下來。

對中小企業來講，最重要的事是專注於自身價值的增長。具體的建議都寫在《低風險創業》裡了。中小企業要界定清楚自己要解決的問題，專注於這個問題，尋求最優解決方案。同時要不斷發現新問題，以及不斷尋找最優解決方案，這樣企業就可以不斷發展升級。

中小企業還要始終堅持「反脆弱」原則，讓自己處於不敗之地，這樣無論未來的環境變得是好還是不好，都能夠有收益。這就要把握好非對稱交易的機會，用固定或很少的成本去獲取盡可能多的收益。

只要多次進行這種非對稱交易，中小企業就一定能夠賺到錢。但是，很多中小企業沒有搞明白這條曲線，囤了很多固定資產。要知道，固定資產越多，企業的生命力就越脆弱，只要外部環境發生一點點改變，企業就岌岌可危。運氣好了，可以賺一點點有限的錢，而一旦賠錢了，就可能一直賠下去，像個無底洞。因此，中小企業需要把自己的營收曲線調整成非對稱交易的曲線，成本有底線，收益卻可能會無窮。

對整個團隊影響最大的，
是團隊管理者的氣質和價值觀，
是管理者能否鼓動起每個團隊成員內心的動力。

總結時刻／

- 接受不確定性，並且學會和不確定性共舞。
- 作為管理者，我們需要幫助員工成長，那麼深度談話就是一件非常重要的事。
- 員工的執行力往往等於主管的領導力。
- 如果你覺得痛苦，覺得不舒服，那是因為你在學習，在成長。
- 管理者的任務就是提高員工的水準，幫助員工成長。你能夠培養多少人，決定著你自己有多成功。
- 一個了不起的企業首先看重的一定是員工的成長，員工有創業的動力，有成長的願望，他才能更高效地去工作、去生活，才能給你創造更多的價值。
- 你的客戶是否認同你，不取決於你對他的態度，而取決於你對他有沒有價值。
- 我們不要把自己的人生變得特別脆弱。
- 風險和收益之間永遠都有一個最大的變數——能力。

- 多多嘗試，不斷地試，直到找到一件能讓你心潮澎湃並樂此不疲的事，那就堅持做下去，或許那就是你生命的意義所在。
- 我們不需要為別人的眼光而活，只需要保證自己每天都在進步。
- 如果你總是在害怕，不願意自己邁出第一步，而是希望其他人把你踢出去，人生的可能性就是有限的。
- 「睡後收入」不能靠突發靈感，而要靠不斷地摸索、打拚，找到正確的方向，尋找邊際成本更低的收入模式。
- 一輩子走過來，總得換幾個搭檔，這是正常的。
- 管理的核心是最大限度地激發他人的善意。
- 找人，一定要找有熱情、有理想、能跟你一起改變世界的，而不是找那些把眼光放在待遇、薪資上的。
- 如果你能夠準確說出並儘量滿足那個需求，你們的矛盾就會消失。

- 一個人的共情力越強，越能夠理解他人、感知他人，就越容易設計出良好的產品。
- 和同學、朋友共同創業的一個核心要點是，要尊重每個人的獨立邊界，不能因為感情好，就模糊了彼此的界線。要做好分工，相互尊重，如此才能長久友好地合作下去，否則最終只會分道揚鑣，更有甚者關係破裂。

〈職場生存〉推薦書單

《好奇心：保持對未知世界永不停息的熱情》，伊恩・萊斯利，中國人民大學出版社。

《精進權力：史丹佛教授的7大權力法則，帶你突破框架，取得優勢，成功完成目標》，傑夫瑞・菲佛，日出出版。

《創始人：新管理者如何度過第一個90天》繁體版為《從新主管到頂尖主管：哈佛商學院教授教你90天掌握精純策略、達成關鍵目標》，麥克・瓦金斯，商業周刊。

《認同：開啟高效協作的密碼》，西蒙・道林，電子工業出版社。

《高效能人士的七個習慣》繁體版為《與成功有約：高效能人士的七個習慣》，史蒂芬・

柯維、西恩．柯維，天下文化。

《向前一步》繁體版為《挺身而進》，雪柔．桑德伯格，天下雜誌。

《商業的本質》，傑克．韋爾奇、蘇西．韋爾奇，中信出版社。

《終身成長》繁體版為《心態致勝：全新成功心理學》，卡蘿．杜維克，天下文化。

《能力陷阱》繁體版為《破框能力：全球 TOP50 管理大師教你突破「專業」陷阱》，艾米妮亞．伊貝拉，今周刊。

《高績效教練》繁體版為《高績效教練：有效帶人、激發潛力的教練原理與實務》，約翰．惠特默爵士，經濟新潮社。

《低風險創業》繁體版為《低風險創業：樊登的創業6大心法》，樊登，台灣東販。

《聯盟》繁體版為《聯盟世代：緊密相連世界的新工作模式》，雷德．霍夫曼、班．卡斯諾查、克里斯・葉，天下雜誌。

《遊戲改變世界》，簡・麥戈尼格爾，北京聯合出版公司。

《有限與無限的遊戲》，詹姆斯・卡斯，電子工業出版社。

《基因傳》繁體版為《基因：人類最親密的歷史》，辛達塔・穆克吉，時報出版。

《共享經濟：重構未來商業新模式》，羅賓・蔡斯，浙江人民出版社。

《反脆弱》繁體版為《反脆弱：脆弱的反義詞不是堅強，是反脆弱》，納西姆・尼可拉斯・塔雷伯，大塊文化。

《掌控談話》繁體版為《FBI談判協商術：首席談判專家教你在日常生活裡如何活用他的絕招》，克里斯・佛斯、塔爾・拉茲，大塊文化。

《關鍵對話：如何高效能溝通》繁體版為《開口就說對話：如何在利害攸關、意見相左或情緒失控的關鍵時刻話險為夷？》，凱瑞．派特森、喬瑟夫．葛瑞尼、朗恩．麥米倫、艾爾．史威茨勒，麥格羅．希爾。

《離經叛道：不按常理出牌的人如何改變世界》繁體版為《反叛，改變世界的力量》，亞當．格蘭特，平安文化。

《指數型組織：打造獨角獸公司的11個最強屬性》繁體版為《指數型組織：企業在績效、速度、成本上勝出10倍的關鍵》，薩利姆．伊斯梅爾、麥可．馬龍、尤里．范吉斯特，商周出版。

《哈佛商學院最受歡迎的領導課》，羅伯特．史蒂文．卡普蘭，中信出版社。

《精益創業：新創企業的成長思維》繁體版為《精實創業：用小實驗玩出大事業》，艾瑞克．萊斯，行人。

《吸金廣告：教你賺大錢的文案寫作手冊》，德魯．埃里克．惠特曼，江蘇人民出版社。

《瘋傳：讓你的產品、思想、行為像病毒一樣入侵》繁體版為《瘋潮行銷：華頓商學院最熱門的一堂行銷課！6大關鍵感染力，瞬間引爆大流行》，約拿．博格，時報出版。

《樊登講論語》繁體版為《樊登講論語：越是亂世，越是競爭，我們越需要《論語》的正道力量；寫給當代菁英的正能量大師課》，樊登，麥田。

《增長黑客：如何低成本實現爆發式成長》繁體版為《成長駭客攻略：數位行銷教父教你打造高速成長團隊》，西恩．艾利斯、摩根．布朗，天下文化。

第 2 章

生活啟示

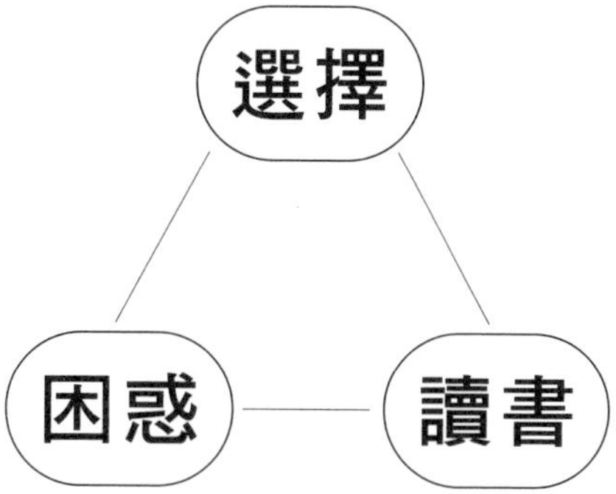

Part 1

選擇

所有人在成長過程中跟自己的父母都有一戰，不打完這一戰，你沒法成為一個成年人。

想去大城市闖蕩卻被家人阻攔，該怎麼辦？

Q

我學的是法學，大學畢業後，我媽媽希望我回家鄉，因為她就我一個兒子，希望我留在她身邊。所以我就考了家鄉檢察系統的公務員，但我內心其實是抗拒這種安排的。現在我住在火車站旁邊，每天晚上聽到火車轟鳴的聲音，我都有一種想要逃離的感覺。對於現在的處境，我應該怎麼辦呢？

聽起來，你希望搭上火車，去一個陌生的城市生活。

我很喜歡的心理學家講過一句話：**所有人在成長過程中跟自己的父母都有一戰，不打完這一戰，你沒法成為一個成年人**。在這場戰鬥當中，如果父母贏了，是全家的悲劇；如果孩子贏了，是全家的喜劇。

從上大學一直到我畢業很多年，我爸爸對我的狀態都不滿意。他一直認為我應該回西安當大學老師。父母那代人的眼界就是這樣，喜歡穩定的、有職稱的工作。我從來沒聽過他的話，買了車票就跑了，就在北京待著不回去。慢慢地，我的離開成了家裡的喜劇，我成了家裡的經濟支柱，還給社會做了貢獻。現在我爸爸挺以我為榮的。

我當然不會建議你去跟你媽「打一架」，然後離開，但我覺得這是一個選項。你還年輕，如果真的天天都想搭火車走，哪天你就試一次，到一個城市待一段時間，體驗一下。或者你願意做一個特別優秀的檢察官，這也是很好的事。你知道為什麼像你這樣的人，不願意好好做個檢察官嗎？唯一的原因是，你們是被人逼著去做的，即便這件事再有樂趣，你都體會不到。因為你心中有這麼一個怨結，在這個地方，你可能很難成為一個好的檢察官。

人生可以做出不同的選擇，你還這麼年輕，可以試著去闖一闖，過一下自己想要的生活，就算最後闖失敗了，你還可以再回去。

北上廣深不相信眼淚，小城市就相信眼淚嗎？

Q 都說北上廣深不相信眼淚，小地方就相信嗎？如何適應從一線城市到縣城的落差？

北上廣深不相信眼淚，這本來就不是一句科學的話，是情緒性的話。這句話最早想表達的可能是這個意思：在北上廣深這種地方生活，別想著靠人情，要靠自己的本事。回到小地方，最起碼你可以跟爸媽撒嬌，還可以找親戚幫忙，人情味比較濃。

但是，從大城市回流到三、四線城市，很多年輕人會感到不適應，這是個常態。很多人從北京或上海回老家的縣城待了兩年後，最後還是回了北京或上海，因為他們在家鄉已經找不到自己的位置了。

你那些高中畢業後沒有離開的同學，已經建立起了自己的關係網，而從大城市回去的你，不過是個局外人。

最重要的是文化上的衝突。你可能會覺得「我是從北京回來的，帶回了很多先進的文化，我要改造你們這些人」，人家會覺得「你討厭不討厭，從北京回來有什麼了不起的？要是混得好，你就不回來了」。雙方都不太能接受對方。這是一個常見現象，不是某個人遇到的事。

至於小地方相不相信眼淚，這不好評價。如果你把「相信眼淚」理解為「人情味更濃」，我覺得這是成立的；如果你把它理解為「哭一下就能有人理你」，那肯定也沒戲。所以，在任何地方，活好自己都是很重要的。

是考研究所多讀幾年書好，還是早點工作好？

Q 我現在在讀研二，有個問題讓我很糾結：我是選讀兩年就畢業，節省一年時間，儘早進入社會找工作，實現自己的人生價值，還是選讀三年再畢業，多讀一年書，不受干擾地多享受一年學校的學術資源？您覺得怎麼選比較好？

大學生愛糾結。大學生基本上耗費了一半的精力去糾結，而這創造不了任何價值。

你可以製作一個表，自己去衡量。你可以選十個指標，每個指標零到十分，然後以兩年畢業、三年畢業的實際情況，給每個指標打分，最後統計兩者各自的總分。如果一個是九十分，一個是七十分，那你就去選九十分那個；如果分數差不多，證明你沒有認真研究，再認真研究一下，重新打分，選總分高的那個。雖然這是最簡單的快刀斬亂麻的方法，但它沒有解決你的根本問題。

人生有特別多的不確定因素，一個人根本沒辦法在算準所有事情後再去行動。你沒法算準馬上工作就能一帆風順，也不能算準研究生畢業後恰好能遇到白馬王子，嫁入豪門。既然算不了這麼清楚，你最好的選擇就是趕緊選一個，繼續往下走，這才是你的人生。

我總跟別人講，人生沒有平行線。我們常常會想：「當年如果我沒選這個就好了」，但這麼想是沒有意義的，因為你已經選了，這事沒法改變。

要是我，肯定選擇馬上去工作，但我不能代表你，所以不管你是多讀一年還是選擇儘早工作，我都祝福你，你都有可能做出更好的成績。重點是把以後的事做好，而不是遇到一個問題，就開始糾結：是選這個還是選那個？哪有那麼多時間用來選？

我也有過你這樣的時候，當時還沒有一個「現在的我」出來跟自己講這些道理，我也經常糾結得要命，一天到晚患得患失，覺得這樣也不好，那樣也不行。

但是有一天我突然想到一個詞，叫「正向積累」。當時我跟我女朋友說——那時候我們還沒結婚——不管我現在做的選擇對不對，不管我是不是幸運，也不管命運到底怎麼安排我的未來，我只要保證自己每天都在做正向積累就好了。

你根本不知道自己學的哪個東西將來會有用，你能做的就是每天儘量做點正向積累，這樣等機會到來的時候，你才能有好的表現。哪怕這輩子平平淡淡過去了，那也是美好的。所以不要太糾結，你就過好你自己的人生就好了，不要羨慕別人的人生。

下班回家只想躺著，我還有救嗎？

Q 下班以後，我感覺精力已經被消耗光了，回到家就什麼都不想做了，只想癱在沙發上玩遊戲，制訂好的寫作計畫完全提不起精神去執行。有沒有什麼技巧能讓我在這種狀況下打起精神，做點有意義的事呢？

這個話題太豐富了，可以從好幾個角度切入，比如壓力管理、精力管理、毅力管理，還有職業生涯規劃。

對於你的情況，有一種可能是你做了一份特別消耗自己的工作，它讓你感覺壓力巨大，總是讓你感覺很累，還找不到價值感和成就感，那你很可能需要換一份工作。

另一種可能是你身體比較弱，如果是這樣，你需要鍛鍊身體，學會掌控自己的精力。《精力管理：管理精力，而非時間》和《掌控：開啟不疲憊、不焦慮的人生》這兩本書都可以幫你學會掌控精力。就我自己來說，自從開始跑步，我現在的工作效率比原來高多了，因為精力變得旺盛了，不像過去那樣容易睏。

還有一種可能是毅力管理的問題。你可以去讀一讀《堅毅：釋放激情與堅持的力量》和《自控力》這樣的書。人的自控力也是會被消耗的。比如你計畫健康飲食，那早餐你可能就吃得很健康，因為早晨起來你自制力滿滿，但是到了晚餐時，你就有可能吃蛋塔了，因為自制力用完了。

我們的大腦有個特點，就是這部分運轉累了就換另外一部分繼續運轉，讓這部分休息。比如做數學題做累了，你就去聽會兒音樂，這時候你會發現，大腦其實還是在運轉，接下來你可以學學英語，或做點別的。只要你換件事做，大腦其實就已經得到休息了。千萬不要以為，只有放空才是休息。

其實我也這樣。我在家裡基本不看電視，但是出來工作累了，回到飯店也是往那兒一躺，打開電視就開始換臺，足足換上兩遍也找不到什麼好看的，但是就習慣性地這麼換臺。為什麼會這樣呢？就是因為這時候我已經完全喪失了自制力。其實，就算真的看了兩個小時電視，你也會發現根本沒休息好，甚至整個人更累了。如果你能用那兩個小時寫一篇文章，你反而是在休息，同時自身水準也會得到提高，而且在情感上你也會覺得今天沒白過，因此狀態也會變得更好。這些狀態全跟人體分泌的多巴胺、腎上腺素、睪固酮等荷爾蒙有關係。打遊戲只能帶來一時的刺激感，不會帶來成就感、提升感，所以我建議大家最好換一種方式休息。

三十多歲，想辭職去考研究所靠譜嗎？

Q 我現在三十多歲，已經工作十年了，現在卻特別想去考研究所。像我這種情況，您覺得還有希望嗎？

你的根本問題不在於考不考研究所，而在於你為什麼會那麼糾結。

首先說考研究所這件事，好多人考碩士，只是想給自己一個緩衝期，老覺得自己還不能立刻改變，想再緩衝一段時間。那這個緩衝時間誰來養你呢？肯定有人養你，你才能去讀研究所，優哉游哉地再混兩年半，最後拿到一個文憑。真沒必要。這是缺乏勇氣的做法。你要是有勇氣，就直接換工作，換工作是最快的學習方法。未來會有一個趨勢，研究和教育都是以公司為主導。

你的第二個問題是，怎麼才能讓自己不那麼猶豫。我們普通人之所以煩惱多、執著多，就是因為老擔心會遇到不好的結果。你做的每一個選擇都會帶來相應的改變，因為只要有了因，就一定有果，這是無法改變的。沒有什麼好猶豫、執著、痛苦的，猶豫、執著、痛苦會導致我們的決策變得緩慢，下一課來得更晚，徘徊的時間更久。所以，你只需要為自己當下的選擇負責就好了，不要浪費生命。要麼換一份工作，要麼去考研究所，哪種選擇都行。

如果要我給建議，我建議你換一份好的工作，趕緊更快速地學習。可能你對文憑有點執念，覺得文憑不夠高就抬不起頭。別太看重那張文憑，反正從我的工作經驗來看，我們基本上不看重一個人的學歷，腦子清楚，態度正確，善於學習，這才是最重要的。

女人究竟是要有能力還是要嫁得好？

Q 「女人最大的事業是婚姻」——您覺得這句話對嗎？女人是要有能力，還是要嫁得好？

「女人最大的事業是婚姻」這句話，我個人不太同意，不管它的實用性怎麼樣。如果你相信這句話，那麼你就已經放棄了一大片世界和權利了。我太太喜歡創業，但很多人對我說：「何必呢？你還讓太太出去創業，費這麼大勁，每天晚上回來這麼晚。」我說：「這是她的權利，她自己有這麼一個夢想，她希望自己能夠成為一個有職業身分的人。人是應該盡己所能去發揮自己的潛力，去實現自己的夢想的。」

我不知道是誰首先提出這句話的。把婚姻當成女人最大的事業，有點殘忍。你可以選擇相夫教子，為家庭做貢獻，這確實需要付出很多勞動；把一個家維護好，也確實需要很多技能。但是，這應該是女人發自本心的選擇，因為她是一個獨立的人，必須是她心甘情願地選擇去做這件事，而不是別人勸她去這樣做。

嫁得好和有能力，所獲得的成就感是不一樣的，嫁得好得到的成就感要更低一些。我不太喜歡用「社會評價」來衡量這件事，因為我們並不需要活在社會評價當中，不需要太在意別人怎麼看，更重要的是你自己內心的感受。對此，存在主義哲學或許可以給出一些建議。

沙特告訴我們，要去創造。你的人生到底是什麼樣子的？不知道。**創造，你不斷創造出來的東西，最終組成了你自己真正的人生。**

你可以讀一下《存在主義咖啡館》，這本書裡寫了沙特、西蒙・波娃等存在主義代表人物的人生經歷。那些人活得很有激情，很熱烈。當你告訴一個女人，你就應該嫁一個好老公，然後老老實實地相夫教子時，其實你是給她寫了一個特別無聊的劇本。人應該把生活活成自己的傳奇，而不是活在別人的劇本裡。你可以體會一下「傳奇」、「劇本」這兩個詞的不同，找到自己傳奇化的人生。我們可以接受意外，接受不確定性，接受生活中會出現各種各樣意料不到的東西，對不對？

有用卻不擅長的事，應該堅持嗎？

Q 英語一直是我的短板，上學時我花很多精力去學，成績卻永遠墊底。畢業後，我的工作也因為英語而受到限制。現在我獲得了一個去美國留學的機會，但前提是我要有漂亮的托福成績。我想問，這個有用但我卻不擅長的事情，還要繼續嗎？

不要給自己貼那麼多標籤。

你未必學不好英語。如果你願意學，就算是阿拉伯語，你也能學好。為什麼非要說自己不擅長呢？你只是沒有找到好的方法，或者不夠努力。《刻意練習》和《認知天性》這兩本書告訴我們，**正確的學習方法是你要不斷地去測試**。不到國外去練一下，你的英語永遠都是現在這樣。

你總是在給自己貼標籤。你頭腦裡的那個「批判性自我」太厲害了，應該去調動你的「觀察性自我」，有事說事，有活幹活，該幹啥幹啥，投入地去做。

或許你小的時候，你的父母總在批評你，很少肯定你、鼓勵你。長大後，你腦海中就活躍著一個小人，天天替你爸媽批評你。

所以，你現在的這個狀況，其實是你自己的選擇。你明明知道自己現在已經長大了，已經離開爸媽獨自生活，你可以在頭腦中「封鎖」他們，就過你自己的生活，你的人生從現在開始由你自己掌控了。不要再找藉口了，不要再把髒水潑在你爸媽身上了。找到好的學習方法，從精神上獨立起來，將來你的英語一定能學得很好。

女人只能辭職做全職太太嗎？

Q 做全職太太可以更好地陪伴孩子成長，但經濟上就無法實現獨立了。而出去工作要處理各種問題，整個人會很疲憊，就不能用最好的狀態來陪伴孩子。希望您能給我一些建議，怎麼才能取得一個更好的平衡？

雪柔・桑德伯格寫過一本書叫《向前一步》，我講過這本書。書裡有一個點讓我印象很深刻，她說我們這個社會總喜歡問女性「你是怎麼平衡好工作和生活的」，但是從來不問男性，這是對女性的侮辱。長期以來的這種角色設定，使得大量女性過早地退出了職場，但實際上，現在全世界勞動力緊缺，而大量女性接受過跟男性同樣的教育，上過小學、中學、大學，完全具備同樣的勞動素質，現代社會的很多工作又不需要靠力氣去搬東西，**女性過早地退出職場，其實是整個社會的損失，也給很多家庭造成了負擔**。

雪柔．桑德伯格建議，女性懷孕後，仍可以堅持工作七、八個月。在生孩子前休假一、兩個月，生完孩子休息一天，第二天就能上班了。當然，那是國外的情形，中國有中國特有的國情。至於你跟孩子之間的連結，雖然白天是其他人來照顧孩子的生活，但晚上你總是要回家的吧，你要給孩子餵奶，會跟孩子聊天，跟孩子有情感上的交流。在桑德伯格看來，這是沒有問題的。所以不要過度內疚，這才是核心。

另外，現在有各種各樣的機會，而且工作種類非常多，在家裡說不定能賺更多的錢，比如做遠端美容顧問、寫專業美容文章、做品牌推廣等，都可以。現在我們在家工作照樣可以創造大量財富和價值。我太太就在創業，她比我還忙。別人問我：「你有自己的事業，幹嘛還讓你老婆去創業？你們倆都不照顧家，家怎麼辦？」我說：「人家是一個獨立的人，有發展自己的願望，有夢想，要去實現自己的價值，你怎麼能夠因為希望有個人來照顧家，就把她關在家裡，說『我給你錢，你哪兒都不要去』呢？我沒有權利做這樣的事情。」如果每個人都足夠尊重他人，尊重女性，尊重自己，你的問題就不是一個問題，這是我們自己完全可以做出選擇的一件事。

我講過一本書叫《身為職場女性》，其中就講了職場女性怎麼找到更快的發展路徑，怎樣去「平衡」生活和工作。其實男性也同樣面臨著這樣的問題。只要你自己內心不屈服，選擇其實就簡單多了。

怕教不好孩子，不敢生育，怎麼辦？

Q 因為怕教育不好小孩，所以我想選擇做頂客族。儘管我內心其實是非常喜歡小孩的，也聽了很多關於教育方面的書，但是聽完我覺得教育孩子太難了，更不願意生孩子了。我真的很矛盾，不知道該怎麼辦。

一般人選擇做頂客族，是因為不喜歡小孩，不願意生孩子。你挺喜歡小孩，又聽過很多關於教育孩子方面的書，對於孩子的教育，你不應該覺得更有信心嗎？那些沒聽過這方面書的人都照樣生孩子呢，你都聽完了，怎麼反而說教育孩子太難，不想生了呢？

我真沒想到，我講書還有這麼慘痛的負面效果。我覺得，你可能沒聽懂那些書。如果你真聽懂了，你會覺得，教育小孩是一件既容易又快樂的事。其實不用聽很多書，我講過《你就是孩子最好的玩具》、《如何培養孩子的社會能力》這兩本書，你只要把這兩本聽明白了，你就會發現，帶小孩一點都不難。你只需要愛他、照顧他，引導他了解這個世界，給他做這個世界的導遊，這有什麼難的呢？

退一步說，就算你做得不夠好，他最多也就成為一個普通人，不至於成為犯罪分子。為什麼要這麼擔心呢？這個世界上不存在絕對正確。而且，你要相信，孩子有自己的生命力，他自己會成長。我見過一對剛開始堅持做頂客族的夫婦，那位女士一直說不喜歡孩子，別跟她討論孩子的問題，結果在四十五歲的時候，她冒著高齡產婦的風險，堅持生了一個孩子。她還是羨慕孩子帶來的快樂。所以，你不生孩子，最後可能會後悔。

我覺得你的本質問題在於，當你覺得一件事如果做不到最好時，那就乾脆不做。這樣的思維模式是非常可怕的，因此我覺得你現在最應該做的是調整你的思維模式。

Part 2

困惑

一個人上進的核心動力是要在生活中尋找意義，
就是搞清楚自己到底為什麼活著，
怎麼能活得更有意義、更有趣。

想活得隨便一點行不行？

Q 人為什麼一定要有上進心？我就只想懶散而穩定地活著，不行嗎？但是這個活法收到的幾乎都是負面評價。

這是一個哲學問題。

歷史上有個哲學門派宣導的活法就是這樣，那個哲學門派叫犬儒學派。犬儒學派有個最著名的人物叫第歐根尼，他就認為人應該活得舒服，每天住在木桶裡，誰都不要妨礙他。亞歷山大大帝親自去看他，想向他請教一些問題，並且問他：我能為你做些什麼？第歐根尼說：讓開，別擋著我的陽光。

莊子在濮水釣魚，楚王派兩位大夫請他去楚國當官。莊子說：我聽說你們楚國有一隻神龜，死後被楚王用錦緞包裹好珍藏在宗廟之中。你覺得那隻烏龜，牠是喜歡拖著尾巴在爛泥地這麼活著，還是寧願死去，被掏空了做成一個殼放宗廟之中以顯得尊貴呢？大夫說：那當然還是願意活著，在泥巴裡待著吧。莊子就說：那你們就讓我待在泥巴裡吧。你們讓我到廟堂上去，就是要把我掏空做成一個殼啊。

所以，其實歷史上有很多跟你有相同想法的人。對這種思想，別人不能橫加干涉和指責，因為你願意怎麼做是你自己的事。可能你的壓力來自和你比較親近的人，他們會覺得你這樣下去未來怎麼辦，結不結婚，買不買房子？這些是你要面對的壓力。

我個人感覺，一個人要不要上進，其動力不是來自物質的壓力。如果是因為結婚、買房的壓力才不得不上進，那結婚、買房以後怎麼辦？結婚、買房以後就沒有壓力了？我覺得，**一個人上進的核心動力是要在生活中尋找意義，就是搞清楚自己到底為什麼活著，怎麼能活得更有意義、更有趣。這才是最重要的。**

之前那個「流浪大師」[2]為什麼選擇流浪？看了別人拍的影片，當時我就明白了原因。很明顯，他從小被爸爸罵，在爸爸的要求下去學自己不喜歡的審計，從事了審計工作，過得很不快樂，因而完全沒有動力去奮鬥，最終流落街頭。這是一個很典型的案例，它讓我們看到，父母跟孩子的不良互動，會剝奪孩子的生命力，導致他們找不到活著的意義。

最終選擇過什麼樣的生活，取決於你自己。無論選擇什麼道路，不要傷害自己，也不要傷害別人，讓自己儘量活得快樂就好。

如果別人對你的生活方式有負面評價，你要勇於去面對它。如果評論者裡有你比較在意的人，你可以考慮為他們做一些妥協。生活就是一個不斷妥協的過程。很多人都會想：為什麼我要為了他們改變我自己？你要知道什麼才是真正的你，過去的那個你未必是真正的你，改變以後的那個你可能才是真正的你。人不過多執著於自己的過去，改變起來就沒有那麼難。

2 二〇一九年，一名五十二歲的流浪漢因其飽讀詩書，並分享閱讀見解，在網路上爆紅，吸引很多網紅特意與他一起直播賺流量，被網友稱為「流浪大師」。

為什麼我會活成自己討厭的樣子？

Q 我母親是一個非常強勢的人，她總是喜歡把她的想法強加給我。我們每次見面都會發生衝突，最後不歡而散。但是現在我發現，有時候我跟自己女兒發脾氣的樣子，隱隱約約也有我母親的影子。我就在想，這種遺傳性的性格特點能不能改善，或者控制一下？

看過電視劇《都挺好》嗎？蘇明玉指著她爸罵的時候，她爸扭頭就說：你就是趙美蘭！蘇明玉最討厭她的媽媽，最後卻變成了她媽媽的樣子。她最後跟自己和解了。怎麼和解的呢？電視劇結尾，蘇明玉看到的都是畫面：她回到家，媽媽做好了飯對她笑了一下；爸爸騎著自行車載著她去上學……這就是和解的過程。

有這樣的傷痛很正常，許多家庭都有這類問題。首先不要給自己貼標籤，說「我完了」。透過這件事，你可以比別的媽媽更好地體會女兒的心情，所以你首先應該認識到，自己有可能做得更好。

其次，現在開始去感受你父母給你的愛，多回憶那些美好的畫面，下次再跟媽媽在一起，就主動地表揚她、肯定她，給她一些讚美，慢慢地你媽媽就會軟化，就會改變。你知道媽媽為什麼老喜歡控制你嗎？就是因為你老不聽她的。她說什麼，你總是不聽，跟她對著幹，她為了證明自己是對的，就會更強勢。如果你稍微服個軟，撒個嬌，說：「薑還是老的辣，我服了！」讓媽媽覺得她的地位得到了鞏固，她的嘮叨就會變少，因為不需要了。她會發現，女兒長大了，價值觀跟她的差不多了。

之所以她說什麼你都煩，是因為你小時候的感受投射到了現在，讓你覺得自己還是那個無力的孩子。這時候，你需要做一個心理建設，告訴自己說：我已經長大了，不僅有能力照顧小時候的自己，也能照顧現在的自己，甚至可以照顧媽媽。對媽媽表示肯定和感謝，你們的關係就會慢慢修復。一個人從父母那裡得到愛和尊重的方式，不是靠爭取和要求，而是靠感謝。發自內心的感謝才能換回愛。

小時候我爸爸也老打我，但現在我想到我爸爸，腦海裡浮現的都是他對我好的畫面。多想想這些畫面，慢慢你會覺得自己是一個有愛的人，是被人關心著長大的。這就是你力量的源泉。跟媽媽和解，你才能成為一個更好的媽媽。之後，你可以放鬆一點，讓你的女兒可以長得跟你不一樣，將來可以跟你選擇不同的道路。

做自己，不為別人而活是自私嗎？

Q 我三十歲後才覺得我是為自己而活的。以前我老是在乎別人的眼光，為別人做事情，還想改變別人。現在我覺得要做好自己，其他的事情我不應該想著去改變。這樣的我，是成長了還是變得自私了？

你還愛那些你想改變的人嗎？希望他們過得好嗎？不干涉他們以後，他們有沒有過得更好呢？如果這三個問題你的答案都是肯定的，那這就不叫變自私了，而是慢慢變得智慧了。因為你知道了，改變這個社會的捷徑是改變自己，哪怕是偉人，要改變社會也一定是從自己開始做起的。不可能自己完全不變，卻能改變這個社會。

過去我們老是覺得，替別人著想，給別人下很多指令，希望別人做這做那，是古道熱腸。其實，這只是在不斷干涉別人。現在你慢慢發現，**原來你把自己變得更好，**

才是對別人負責，才能讓別人的生活變得更好。所以，做好自己也可以心懷他人，這兩個一點都不矛盾。

你為什麼要把做好自己定義成自私呢？或許你就是不敢接受自己在變好的事實，可能從小到大你被批評慣了，內心也自我批評慣了，就必須慣性地再找點自己的毛病。這根本就沒有必要。

怎樣看待自己失敗的經歷？

Q 在我們眼裡，您現在已經非常成功了，但我想過去您一定也有一些失敗的經歷，您是否願意選其中一個經歷跟我們分享一下？

我有特別多的所謂失敗經歷。

怎麼看待失敗，體現了不同的心態。我在中央電視臺做節目的時候，別人當著我的面對我說：「你成不了李詠，你不是那樣的人，那種人萬中無一，你就是個普通人，就做點普通的事就行了。」這是我們導演苦口婆心勸我的——你別抱著做大主持人的夢想，那種人都是老天爺賞飯吃，你看你長相就不行，大主持人都長得很有特色，你長得沒特色。

到今天我也沒有成為一個大主持人，所以那個導演說的可能也是對的。我確實沒法成為一個好的主持人，但我依然有自己的價值，依然可以做自己可以做的事。

如何看待過往的挫折，其實跟未來的發展有很大關係。

如果它成為你的一個心結，在你心裡擰著，不能說，不能提，誰提這事你就跟誰急，這說明你根本沒過去那道坎，它始終在掌控著你；如果你能面對它，分析它，拿它開玩笑，拿它反省、自嘲，從中吸取東西，那你就真的走出來了。

推薦大家閱讀兩本書，《逆商》和《終身成長》，它們都能幫我們面對失敗。

找到自己的使命為什麼這麼難？

Q 用成長型思維來看，一個人在不斷成長的過程中，想要的東西可能一直在變，但我一直堅信一個人的底層邏輯肯定是不會變的，就跟人的性格一樣，江山易改，本性難移。所以我的問題是，如果回歸到底層邏輯，一個人應該透過什麼管道去找到自己的使命呢？

我老聽到「底層邏輯」這個詞，很多人在說，甚至我自己偶爾也會隨潮流用一下。那你有沒有想過什麼是底層邏輯？多「底」才算是底層邏輯？而且，你堅定地認為底層邏輯是不會改的，這種想法其實太絕對了。說不定你哪天大澈大悟，就把你之前堅守的底層邏輯給改掉了呢。所以，要給自己的人生留一些彈性，不要覺得人的想法一定不會改。人的認知都是有局限的，你沒有見過奇怪的現象，當然就沒法接受奇怪的想法。

你問的這個問題，是心理學意義療法裡的一個經典問題。我們一定要去尋找人生的意義，而且人生一定要有意義。關於人生意義，有兩本書值得推薦。第一本就是《活出生命的意義》，第二本是《思維的囚徒》，兩本書的作者是師徒關係。《活出生命的意義》的作者是弗蘭克，他曾經進過奧斯威辛集中營。他發現在集中營裡，人們依然可以選擇做聖人或做奴隸：有的人生不如死，為了能多活一天，每天都在害人、欺負人，給納粹做打手；另外一些人還能在路過別人窗口時，掰一塊自己的麵包給他。

弗蘭克說，生命的意義不能去創造，只能去尋找。你是希望我告訴你去哪裡尋找生命的意義嗎？老實說，我說不出來，我要是能說出來，就也寫本書了。

其實，**尋找意義的過程就是最大的意義**，**保持這份未知感**。只要你相信你的人生會有意義，就會找到一個使命。什麼是使命？你願意把你這條命使在這件事上，豁出去命也要去做那件事，就是使命。找不到，開心；找到了，快樂。即便找到了，也別覺得就不能改，說不定還有更大的使命等著你。這樣想，你的人生會更富有彈性。

《思維的囚徒》的作者是弗蘭克的學生佩塔克斯，他把弗蘭克的意義療法變成了七個工具，提供了七個要點，如果你都學會了，我覺得你就掌握了基本方法。

我給你舉一個例子：很多人覺得生活沒有意義，工作一成不變，每天不斷重複，有什麼意義？這本書裡介紹的第三個工具──「尋找瞬間的意義」，就可以拿來解決這個問題。比如，你是某銀行的出納員，每天就是收錢出錢。有一天來了一個老太太，你特別耐心地幫助了什麼都不懂的她，最後她開開心心地笑著離開了你的櫃檯。在這個瞬間，你人生的意義就爆棚了。**因為喪失了從細微的當下尋找意義的能力，我們才會覺得自己的人生需要靠宏大的使命去驅動**。找不到這個使命，我們就會覺得人生無意義。實際上，在找到宏大使命前，每個瞬間的意義就足以滋養我們了。就像現在，我在回答你的這個問題，這就很有意義，對不對？

其實，關於人如何找到自己的使命這個問題，我跟周國平也討論過。周國平是個哲學家，是公認的智者，他對哲學問題的思考很深入。我問他，周老師，你深入研究了叔本華和尼采。叔本華是絕對的悲觀主義者，他認為這個世界根本就沒有意義，因為人的欲望得不到滿足就痛苦，欲望得到滿足了就無聊，人就在痛苦和無聊之中擺來擺去。而尼采說，人生是沒有意義的，但我們得給人生找出一個意義來，他認為人生的意義就是藝術，而藝術當中最高級的境界就是悲劇。那您覺得，人生到底有沒有意義？他斬釘截鐵地回答，沒有意義。我說，那咱們一天到晚在幹嘛呢？他說，**人生沒有意義，不妨礙你努力去尋找人生的意義，你去尋找人生意義的過程是有意義的**。人和其他動物最本質的區別就是，雖然其他動物的「人生」也沒有意義，但它們對此毫無知覺，而人卻很在意。

所以我想，到底把什麼事作為使命，是你自己作為一個人需要一輩子去面對的事，而且是你人生中最有樂趣的事，任何人都不能幫你做，也不能剝奪你做這件事的樂趣。有些問題就是只能由你自己面對，帶著探索的心情去追尋的。

定居大城市無法照顧父母，怎麼辦？

Q 中國有句話叫「父母在不遠遊」，可是現在女孩子遠嫁很普遍，不能兼顧父母，不能照顧他們，這種情況應該怎麼辦？

孔夫子的確說過「父母在不遠遊」，但這後面其實還有一句，叫「遊必有方」。所以這句話不是說父母在，你哪兒都不能去，而是說你去了哪裡要告訴父母，不能跑掉不見了。因為古代沒有電話，一個人出門不告訴父母去了哪兒，真就有可能找不到了，這是不孝。但是現在，我們隨時可以用電話保持聯絡，其實也還好，不用拿孔夫子的這句話來嚇唬自己。

你要解決的問題，其實是內心的內疚感。真正折磨你的，並不是「父母不在你身邊」這件事，因為現在大量家庭都是這樣的。老人願意在老家過，挺好的。但是我們作為子女，內心有內疚感，會覺得「這件事我好像沒做對」，這種感覺才是你問這個問題的動機。

你要搞清楚的是，你之所以會有這種內疚感，是不是因為你家裡有人總是用「內疚感」來操縱你，說：「你看我多可憐，你們這些孩子都跑那麼遠，我怎麼辦？」如果父母中有人總是用這種「內疚感」來控制自己的孩子，讓孩子痛苦，那就會造成很大的問題。孩子過得越幸福，內心反而會越痛苦。比如說，你家買了大房子，你會覺得「這麼大的房子我爸媽都沒住上，我真不孝」。

擅長使用「內疚感」的父母，給孩子造成的傷害是長期的。有些父母控制孩子的辦法，就是在他們面前不斷地抱怨，不斷讓孩子內疚，他們甚至會折磨自己，以讓自己痛苦的方式來讓你內疚。你要知道，愛不是對等的，而是從上往下的傳承。父母給了你生命，但你沒法還給他們生命，他們要走的時候，你根本拉不住，所以愛不可能對等。你的父母給了你這麼多的愛，你可以把這些愛給你自己的孩子，一代一代地傳承下去。這樣的話，父母是不是很可憐？不，他們不可憐，他們有自己的爸媽。你不需要太過內疚，你可以感謝他們給予你的一切，去做一些力所能及的事。

比如說，他們生病了，你要照顧他們，幫他們找醫生。如果他們願意跟你們一起住，就歡迎他們。如果他們實在不願意來大城市，願意待在老家，也不要去勉強。不要為了彌補內心的內疚感，去做一些反倒讓父母不高興的事。我見過很多人就是這樣，非得讓父母去旅遊，父母不去就跟父母吵架。吵什麼？人家不想去，你幹嘛非讓他們去？他們不去旅遊，你心裡不舒服，那你到底是想讓他們開心，還是想讓自己舒服？**很多時候，就是因為我們總是想讓自己心裡舒服，而不是考慮對方到底要什麼，才做出了很過分的事**。所以，只要你內心的內疚感消失了，你父母就都還好。因此，我建議你去讀一下《這不是你的錯》，還有一本更重要——《母愛的羈絆》。

之前我和北京大學的一個老師聊過這個話題，這位男老師當場痛哭。他感覺特別內疚，覺得對不起自己的媽媽。他的妻子只要跟他媽媽發生一點口角，他就難過，就哭。後來心理諮商師對他說，他妻子其實沒問題，因為他妻子在她的原生家庭裡也是大聲說話的，她習慣了大聲說話，並不覺得她是在吵架。他媽媽可能也並不覺得這有什麼，但是看到他那麼內疚，他媽媽也會跟著難受。

回頭來說你的問題。如果你把「媽媽待在老家」這件事看得特別嚴重，總有負罪感，總是難過，那你也會暗示媽媽把它當作痛苦。但實際上她在老家，待在她熟悉的環境裡，會更舒服一點。你可以考慮給她請一個保姆，或者找一個條件好一點的養老機構，這可能比你一定要把她接到你身邊更能解決問題。

一直活在內疚中，我該怎麼辦？

Q 我今年二十四歲，在我五歲時，父親就過世了，去年我的母親也因病離開我了。現在我總能想起跟母親的一些過往，有的時候感到特別愧疚，覺得沒有孝敬她，也特別後悔以前總是頂撞她。以前我的人生目標可能就是「我要努力工作，努力掙錢，讓她過上好的生活」，但是現在閒下來時，我經常會問自己，我人生的意義是什麼呢？以後到底能做些什麼呢？我很迷茫，不知道怎麼辦好。

這個心理創傷叫「愧疚」，還包括一部分「失去」。你能夠說出來就證明這個傷並不重。如果真的傷得很重，是提都不能提的。所以首先你要認識到，你其實還是滿健康的。

有一本書是專門解決這個問題的，叫《情緒急救》。它告訴我們，在精神受到了創傷之後，比如親人離世、被暴力侵害、與戀人分手等，我們該怎麼安慰自己的心靈。對於你的問題，我覺得最基本的方法是，你可以跟你的爸爸媽媽，尤其是你的媽媽，好好地做一次告別儀式。

我有一個親人離世後，他的孩子特別內疚。小孩子都是這樣的，父母走了，小孩子會內疚，覺得「肯定是因為我不乖，爸爸才走的」。那個孩子當時是個初中生，在整個葬禮過程中他都不哭，要哭的時候就把臉埋在水盆裡，因為不願意流眼淚，想流眼淚時把臉埋到水盆裡。他整天跟家裡人說：「肯定是我的問題，是我不乖，爸爸才走的。」這樣發展下去，他很可能會出問題，於是我就把他叫過來，讓他跟他爸爸告別，讓他站在他爸爸的照片前，說：「爸爸，現在你走了，我和媽媽會繼續生活下去，我會照顧好媽媽，我們倆會生活得很好。」說完了這段話以後，他就正式跟他爸爸告別了，同時也會找到接下來活下去的意義。你也可以試著這麼做，跟你的爸爸媽媽，尤其是你的媽媽，說說話，好好告別。

曾經有位老人家去找一位心理學家做心理諮詢，說：我的老伴跟我生活了六十年，現在她走了，我覺得我沒有活下去的意義了。心理學家就問了他一個問題：如果你的老伴活著，你走了，她會怎麼樣？老先生回答：那她肯定會像我一樣痛苦，一樣難過，一樣孤獨。心理學家告訴他：你看，這就是你活著的意義。她離開，你活著，她就不會像你一樣痛苦、孤獨、難過。所以你的人生還是有意義的，對嗎？

這個世界上的所有生命就像樹葉一樣，樹根滋養樹枝，樹枝長出葉子，葉子一定會凋落，而凋落的葉子又會滋養樹根，樹枝又會長出新的葉子。這就是生命的整個循環，大自然的整個循環。人遲早都要離開這個世界，這是自然現象。你不需要因為爸爸媽媽的離開而太過內疚，你需要知道的是，他們雖然離開了，但他們對你的愛還在，所以你能在這裡，這就是意義。這個愛往哪裡去呢？你要把這個愛傳承給你的孩子，然後讓這個愛在你的孩子身上繼續流動下去。

生命的意義不是一個固定的東西，不是別人強加給你的東西。生命的意義是要靠你自己去尋找的。如果你擁有了尋找生命意義的能力，你現在依然可以承擔起你父母的愛。

你可以去跟你的媽媽講：「媽媽，你走了，我覺得還有很多事沒做，有很多話還沒跟你說。我會好好活下去，我會跟我的愛人一起活下去，我們會生一個孩子，到時候抱來給你看，好嗎？」

想減肥卻越減越肥，我該怎麼辦？

Q 我一直在說減肥，卻越減越肥。其實我很了解那些減肥理論，知道怎麼吃、怎麼去運動，但是從知道到做到卻很難。

對我個人來講，「變瘦」這個過程，張展暉的《掌控：開啟不疲憊、不焦慮的人生》給了我特別多的幫助。我以前也鍛鍊身體，但即便請私人教練也堅持不下去。為什麼？他老折磨你，老虐你：再來一組！再堅持五個！這樣一番折騰，有一次我直接就躺倒了，起不來了，他們趕緊過來搶救我，給我搧風。張展暉跟我講為什麼一般的教練喜歡虐我們，是因為被虐會讓我們意識到自己根本不行，距離「練得好」還早著呢，這樣我們就不得不續約了。

張展暉說他曾經幫徐小平老師跑步減肥。徐小平老師特別煩跑步，根本不想跑，惰性很大。偶然有一次，他們跑到一半停了，徐小平主動說第二天接著來。為什麼？因為徐小平是在自己最興奮的時候停的，這讓他感覺跑步這件事沒那麼嚇人。所以，張展暉最大的貢獻不是什麼運動理論，而是心理洞察。

張展暉給我規劃的訓練任務都不會讓我難受，給我布置的任務都是我能比較輕鬆地完成的。在完成任務的同時，多巴胺已經分泌了，我從身體到心理都很開心，感覺自己也能運動，就很有成就感。所以，我一開始運動的量是跑四分鐘，走一分鐘，再跑四分鐘，再走一分鐘；心率控制在140～150次／分，一點都不累。我稍微跑快一點，一看超過了心率要求，就趕緊慢下來，這樣把精力、體力控制在不超支的範圍內，練完第一次還想練第二次、第三次。我現在已經能跑完半程馬拉松，就是透過這樣循序漸進一點點完成的。

此外，你真的需要了解一點運動的原理。你要知道，心率過高是不能減肥的。那些讓你心率過高、心慌氣短的運動，消耗的都是你身體裡的糖。你需要把心率控制在一定的數值內——這個數值跟你的年齡有關——再去運動，這時候消耗的就是脂肪。所以，你可以好好讀一讀《掌控：開啟不疲憊、不焦慮的人生》這本書。控制飲食可以遵循「211法則」，每頓飯兩拳頭的蔬菜、水果，一拳頭的主食，一巴掌的肉，肉要吃瘦肉，別吃肥肉。按照這個法則來吃，保證營養均衡，就可以了。

有一個辦法很重要，就是每次吃飯之前，你拍張照片發給教練或朋友，讓他們監督你。因為我發現，不拍照片就容易吃得多。聚餐時，你要搞分餐制，別人吃一大桌，而你先揀出能吃的放在一個盤子裡，拍張照片，再開吃。這樣吃，剛開始你每天至少能減一公斤或半公斤，只要不是身體出了問題，瘦身效果很明顯。減肥真的沒那麼費勁。

一直沉迷於往日輝煌中，該怎麼辦？

Q 我在高中時拿了全國數學競賽的二等獎，高考時數學也拿到了將近滿分的成績，我感覺自己數學特別牛，而且一直沉浸在這種成就感中無法自拔，我要怎麼做才能從這種成就感中走出來呢？

照你這麼說，那我們這些得過國際大專辯論會冠軍的人該怎麼辦呢？當年最讓我得到教訓的，就是拿到了國際大專辯論會冠軍。得了那個冠軍，我覺得這輩子我的人生都不一樣了，結果回到學校，我就收到通知叫我去補考。於是我就發現，我的冠軍對別人來說一文不值。別人不會因為你得了一個小小的獎，就一定會對你刮目相看。

居里夫人得了諾貝爾獎以後，她就把那兩個獎牌當玩具給女兒玩。只有小孩子才會重視獎牌。如果你特別重視以前的那個獎牌，說明你活得很天真，覺得那些獎牌能證明一些東西，而實際上，獎牌證明不了什麼。如果你躺在全國數學競賽二等獎的「成就」上，不停地回味，你很快就要「傷仲永」了——小時了了，大未必佳。

能問出這個問題，就證明你已經走出來一半了，否則你問都不會問，你會覺得這是很敏感的。你能問出來，就說明這件事已經翻篇了。接下來，你要把獎牌的事扔到一邊，去幹點該幹的事，創造新的成績。記住，你不是為了炫耀給別人看才去做那些事，而是為了豐富你的人生，讓你的人生不虛度。

從你的問題中也可以看出，你總覺得自己與眾不同，其實你和其他年輕人沒有太大差別，你只是一個數學比較好的年輕人而已。

你首先要接受自己是一個普通人，抱著謙虛的心態去探索更多未知的領域，才能真的變得與眾不同。

與眾不同是要別人來評價的，不是你自己說「我恰恰相反」，你就與眾不同了。也許別人並沒有覺得你「恰恰相反」，只是你自己這麼以為而已。所以，不要虛度光陰，放下過往的輝煌，重新去創造新的輝煌，真正變得「與眾不同」。

Part 3

讀書

讀書最大的好處是，
你可以透過閱讀一直往前走。

都說讀書很有趣，我卻沒感覺，怎麼辦？

Q 我今年上六年級，大人們都說讀書非常有趣，但是我在讀書時並沒有感覺到樂趣，除非是科幻小說，其他書，尤其是純文字的書，我都覺得沒有意思，很不喜歡。

那你就先看科幻小說唄。你喜歡科幻小說，你就先看科幻小說。讀得多了，再去讀點言情小說，覺得有意思了，再去讀點武俠小說。

為什麼我覺得小孩從小讀一些小說沒問題？因為對孩子來說，最重要的是養成透過閱讀來解決問題的習慣。這樣等他長大以後遇到問題，就會想到透過閱讀的方式來解決。

一個人只要養成讀書的習慣，其閱讀品味最後一定會走向經典，因為只有經典的東西才能夠提供永恆的樂趣。你現在還沒有找到那個樂趣不是你的錯，因為你現在才上六年級，年紀還小，只要繼續讀下去，有朝一日一定會找到你的樂趣。

我兒子上五年級，比你低一年級，他就喜歡讀我讀的書，像《世界觀：現代人必須要懂的科學哲學和科學史》這樣的書他也讀。他讀完《達・芬奇傳》後還去學校裡講書，結果得了第一名。他也是個講書人。他很快就找到了讀艱澀的書的樂趣。讀書的樂趣不用強求，只要你不放棄閱讀，遲早能感受到。

為什麼不放棄閱讀很重要？比如打電子遊戲或者看電影，你也可以從中獲得快樂，但是那個快樂不能讓你的大腦神經元建立足夠的連結，簡單點講就是越玩越傻、越看越傻。你每天看電視劇，打電子遊戲，你覺得自己玩遊戲的技能在不斷進步，但你的大腦神經元連結建立得很少，只建立了手部動作那部分神經元連結，最後甚至不動腦子就可以做。

但讀書不一樣。比如你讀武俠小說，讀到「郭靖縱身飛起」時，你腦海中會想像那個畫面，這需要動用很多神經元連結。在閱讀和看電視時，大腦釋放的阿爾法波和貝塔波是完全不一樣的，只有閱讀才能激發大腦的潛力，建立更多的連結，讓你變得更加聰明。

你現在還沒找到閱讀的樂趣沒關係，接著找，從你能讀進去的書開始找，當你讀完一本挺難的書時，你的成就感就會爆棚。

讀書最大的好處是，你可以透過閱讀一直往前走。我兒子有個同學的爸爸是個科學家，他到我們家跟我兒子聊的是光電效應、核融合、核分裂。我相信他們的老師、校長可能都不會，我也聽不懂，但是孩子們就可以用這樣的方式聊這些知識。以後，透過網路，每個小孩到六年級時可能就可以把中學的課程學完了。我們的大腦是非常發達的，而我們的教育相對來說是緩慢的。學校裡老師講課主要針對的是程度中等的學生，但對程度一般的同學來說，老師就講得太快了，他們聽不懂；而對程度上等的學生來說，老師講得又太慢了，他們會不耐煩。因此，在一個教室裡聽課，一定有一部分人是不耐煩的，而另一部分人是跟不上的，但老師沒辦法，他只能這麼講，所以對部分人來說，就浪費了大量時間。如果你具備閱讀能力，就可以一直往前學，越學越厲害，學到最後你跟你爸說：我不想上大學了，我已經可以去大學教學了。這不也挺好嗎？

讀書越多，我卻越無知，怎麼辦？

Q 我在知識方面感到非常焦慮。我從去年開始接觸「樊登讀書」，看了你講的每一本書，都覺得特別有用，越看越覺得自己知道得太少。我經營著兩家咖啡館，發現有些管理方面、營運方面的知識自己完全沒有接觸過，我就更焦慮了，覺得自己什麼都不懂了。

莊子說：「吾生也有涯，而知也無涯。以有涯隨無涯，殆已！」你跟莊子其實差不多，莊子也是這個態度。莊子說：「我的人生是有限的，但知識是無窮的。我用有限的人生去追求無窮的知識，是很危險的。」你的這個焦慮或者說痛苦一點都不新鮮，兩千多年前的人就已經體會過了。

你的問題是什麼呢？為什麼別人了解到更多的知識會感到興奮、幸福，而你卻表現為焦慮？問題在於，你目前還只是一個固定型心態的人，你把自己放在了和其他人的對比當中，覺得「樊老師比我知道得多」、「這個人劉震雲全集都看過了」、「那個人比我知道得多」，你會跟別人比，比完就覺得自卑，「完了，我不行，我都不會，我學得也慢」，這就叫固定型心態。

持固定型心態的人一輩子只做一件事，就是不斷去證明自己。你學東西不是為了獲得快樂，而是為了證明你自己，「你說這個我知道，那個我也知道」。都知道有什麼意思？你證明給誰看呢？所以，**如果你用對比的心態在人生中打拚，內心就會永無寧日**。但是，如果你能換一種活法，以成長型心態生活，也許你的焦慮就會減少很多——我不是要證明給別人看，因為別人根本不關心我這個開咖啡館的小老闆到底有沒有知識，我只是活給我自己看，我只在乎自己今天有沒有比昨天變得更好。

孔夫子就一點都不焦慮，他說「朝聞道，夕死可矣」——我不知道「道」是什麼，但我一輩子都在追求它，哪怕在死亡當天才能理解它，我都覺得很安心。他是很安樂的。所以，如果你能每天開心喜樂地去尋找知識，知識才是對你的獎勵。如果你學習知識只是為了向別人證明你擁有知識，那知識就是一種詛咒、一種痛苦。所以，你焦慮的本質不在於知識本身，人家創造這麼多知識，傳播這麼多知識，不是用來對付你、逼迫你、鄙視你的。

回去調整一下心態，開心地享受知識、享受學習，而不是做好一切準備待會兒去跟誰顯擺我知道什麼什麼。如果你要跟別人比，整個世界只會回你一句話——「那沒什麼了不起的」。但是，如果你能不斷地體驗到學習的喜悅，這個世界將會有無數可以探索的知識等著你。

如果連讀《三體》、《復仇者》這樣的書對你來講都成了壓力，那你虧不虧？所以，去改變一下想法，好好享受學習的過程就好了。建議你去聽一下《終身成長》這本書，對你可能會有所幫助。

人生有限書無限，讀不完書怎麼辦？

Q 莊子說：「吾生也有涯，而知也無涯。以有涯隨無涯，殆已！」經典名著浩如煙海，對想獲得更多知識的人來說，該怎麼選擇呢？我們怎麼知道現在這個階段去讀哪些書更合適呢？比如進了圖書館一看，五百多萬本書，根本就無從下手，這時候要怎麼辦？

不要焦慮。莊子說「以有涯逐無涯，殆已」，聽起來挺嚇人。但是，如果你讀過莊子的〈逍遙遊〉，你就會知道其中還有這麼一句話：偃鼠飲河，不過滿腹——鼴鼠喝河裡的水，河那麼大，牠喝來喝去都喝不完，但牠所求的，「唯飽腹爾」——把肚子喝飽就行了。不要因為選了這本書，同一時間就不能讀另外一本書而焦慮。這種焦慮的根本問題不在選書上，而在人生價值觀上。你要解決的是「怎樣讓自己的內心不焦慮」這個問題。當你把自我放得特別大的時候，你才會對每個選擇都如此焦慮。實際上，我們都只是芸芸眾生中的一員。有句話說得好：天不造人上之人，亦不造人下之人。人與人之間是差不多的。如果抱著這種心態，你會發現，自己只是個普通人，隨著自己人生的際遇、緣分，能多讀幾本書就多讀幾本書，每讀一本書都心生歡喜，對這本書的作者、印刷者、傳播者都抱以感謝，對自己付出的勞動和從這本書裡所學到的東西生出歡喜之情，這時候你就會發現，每天讀書都是快樂的。

好多人越讀書越焦慮，是因為總覺得自己不如別人，但其實他們每一天都在變得比昨天更好。你要多看到自己進步的地方，才更有信心繼續去讀書。

我講過一本書，叫《思辨與立場》，這本書裡有一個書單，把西方史前一千年到現在的重要著作全都列在裡邊了。你想讀的最重要的書裡面都有。中國古人將書分為經、史、子、集四大類，其中《論語》、《老子》、《孟子》、《莊子》很重要，如果你感興趣，可以讀一讀，此外還可以再讀讀《荀子》、《墨子》、《韓非子》。這些書其實沒有多少字，因為古人做書都是拿竹簡慢慢刻，是很難的，五千字就夠一本書了。但如果你想要研究透這些書，那恐怕一輩子都不夠用。此外，你還可以去讀點王陽明、曾國藩、朱熹，以及陝西大儒張載的書。

我們只需在生活中分一點時間出來，淡定地讀書，從書中獲得我們所需要的就好了，不需要也不可能讀完所有的書。

曾經的網癮少年，如何培養讀書興趣？

Q 我是一個大四學生，在上大學之前，我是一個純粹的網癮少年，對讀書一點興趣都沒有。進入大學之後，我發現周圍人的知識面以及見識都比我要廣得多，當時我就覺得我可能吃虧在讀書少上了。這三年來，我一直在尋找一種能夠讓我產生興趣的讀書法，但是很遺憾，到現在都沒找到。我拿起書仍然覺得它是非常枯燥的。所以，我想問問您，有沒有一些好的建議或者方法能幫我培養起讀書興趣呢？

作為所謂網癮少年，你照樣考上了好大學，這說明網癮少年也是有機會的，只要在該學習的時候認真學習就好。很多家長會「視覺窄化」，看到自己的孩子打遊戲上癮，就覺得「完了，這孩子這輩子完了」，我經常勸他們：你要有耐心，一個人總有成熟的時候。

進入大學，你的家長管不了你了，結果，你慢慢不打遊戲了。我們古代有一句話講得特別好，「蓬生麻中，不扶而直」——麻稈是豎直向上生長的，蓬草如果長在麻稈中間，不用扶它，它也會長得很直的。所以環境是會改變一個人的。

你在讀書方面做的所有努力都不會白費的，你儘管去探索，沒有任何問題。關於怎麼能從閱讀當中找到真正的樂趣，關鍵在於你不能把閱讀當作和別人比較的工具。比如你老在心裡想，我讀的這幾本書，那幾個傢伙可能沒讀過，我拿出來給大家看，讓大家知道我才是最會讀書的人。這種讀書心態叫固定型心態。持固定型心態的人，一輩子只做一件事，就是「證明我自己」，他做的所有事都是在證明自己。讀書，證明自己會學習；博學，證明自己聰明；創業，證明自己有能力。其實，求知本身最富有樂趣。我建議你回去讀一本能讓你馬上扭轉想法的書，叫《終身成長》，它的英文名字是 Mindset，這本書會幫助你打造成長型心態。

如果有些書口碑特別好，但是你拿到手後讀不下去，也沒關係。我四十歲以後讀《愛因斯坦傳》才覺得有意思，讀完還講給大家聽。所以，如果哪本書你發現自己讀不進去，不要苛責自己，把它放在一邊就好了，去讀那些讀得進去的書。我上大學的時候，看到同學都在讀一本很酷的書《瓦爾登湖》，我就也買了一本，但是我從來就沒看懂過。直到我四十歲的時候，再把它拿出來讀，突然發現寫得真好。這就是時間沒到。讀書這件事的樂趣是需要慢慢體會發掘的，希望你為自己而讀，為樂趣而讀，而不要為了滿足別人的評價而讀。

忙於工作，沒有時間讀書怎麼辦？

Q 我是一名即將畢業的工科博士生。之前知識面比較窄，近幾年接觸了「樊登讀書」之後，極大地激發了我學習心理學、歷史學，以及各方面知識的熱情，但是，有時候我還是會有一些困惑。一方面，我非常享受這種自主學習和探索的過程；另一方面，這種熱情在一定程度上會妨礙我正常的科學研究或工作安排。所以我就想問一下，該如何解決這種矛盾？

別焦慮就好了。你已經把時間運用到極致了，還要再拿出時間來批評自己，多費勁？只要你不焦慮，每天努力做正向積累就好。我在你這個年紀時和你一樣，不知道自己做的事到底有什麼價值，或者說它會在哪一天突然顯示出價值。我的時間分配、做法合理嗎？我問你，誰能知道你的時間到底該怎樣分配？

你讀過《別逗了，費曼先生》嗎？那本書特好玩。諾貝爾物理學獎得主費曼就是一個老頑童。他跟愛因斯坦曾經是同事，在物理學上有極高的成就。他生活極其豐富，具有創意。不管誰讀了這本書，都會愛上科學。

在我看來，一個人如果真的進入了研究狀態，是不會把自己的時間分割成研究時間、休閒時間的，如果你還會這樣分割，就證明你還沒有沉浸其中。當你沉浸其中時，一切時間都是研究時間，拉小提琴也是在搞研究，因為這時你的大腦可能會碰撞出新的點。愛因斯坦小提琴拉得很好；楊振寧藝術修養非常高，國學底子非常好，張口就能背誦古代典籍。你能說他們在這些事情上所花的時間是浪費嗎？不是。科學研究需要邊緣學科的支援，你的靈感有可能會突然從一篇古文或一段音符中獲得。所以，如果你真的完全沉浸在研究中，那你做其他所有的事，在草地上散步、出去吃飯等，都不是在浪費時間。所以，不要割裂你的時間，投入進去享受吧。

總結時刻 /

- 人生有特別多的不確定因素，一個人根本沒辦法在算準所有事情後再去行動。
- 你根本不知道自己學的哪個東西將來會有用，你能做的就是每天儘量做點正向積累，這樣等機會到來的時候，你才能有好的表現。
- 最終選擇過什麼樣的生活，取決於你自己。無論選擇什麼道路，不要傷害自己，也不要傷害別人，讓自己儘量活得快樂就好。
- 女性過早地退出職場，其實是整個社會的損失，也給很多家庭造成了負擔。
- 尋找意義的過程就是最大的意義，保持這份未知感。
- 讀書最大的好處是，你可以透過閱讀一直往前走。
- 原來你把自己變得更好，才是對別人負責，才能讓別人的生活變得更好。
- 好多人越讀書越焦慮，是因為總覺得自己不如別人，但其實他們每一天都在變得比昨天更好。

- 因為喪失了從細微的當下尋找意義的能力，我們才會覺得自己的人生需要靠宏大的使命去驅動。
- 人生沒有意義，不妨礙你努力去尋找人生的意義，你去尋找人生意義的過程是有意義的。
- 擅長使用「內疚感」的父母，給孩子造成的傷害是長期的。
- 創造，你不斷創造出來的東西，最終組成了你自己真正的人生。

〈生活啟示〉推薦書單

《精力管理：管理精力，而非時間》，吉姆．洛爾、托尼．施瓦茨，中國青年出版社。

《掌控：開啟不疲憊、不焦慮的人生》，張展暉，北京聯合出版有限公司。

《堅毅：釋放激情與堅持的力量》繁體版為《恆毅力：人生成功的究極能力》，安琪拉．達克沃斯，天下雜誌。

《自控力》繁體版為《輕鬆駕馭意志力：史丹佛大學最受歡迎的心理素質課》，凱莉．麥高尼格，先覺。

《存在主義咖啡館：自由、存在和杏子雞尾酒》繁體版為《我們在存在主義咖啡館：那些關於自由、哲學家與存在主義的故事》，莎拉・貝克威爾，商周出版。

《刻意練習：如何從新手到大師》繁體版為《刻意練習：原創者全面解析，比天賦更關鍵的學習法》，安德斯・艾瑞克森、羅伯特・普爾，方智。

《認知天性：讓學習輕而易舉的心理學規律》繁體版為《超牢記憶法：記憶管理專家教你過腦不忘的學習力》，彼得・C・布朗、亨利・L・羅迪格三世、馬克・A・麥克丹尼爾，天下文化。

《身為職場女性：女性事業進階與領導力提升》，薩莉・海格森、馬歇爾・古德史密斯，機械工業出版社。

《活出生命的意義》繁體版為《向生命說 Yes：弗蘭克從集中營歷劫到意義治療的誕生》，維克多・弗蘭克，啟示。

《思維的囚徒》，亞歷克斯・佩塔克斯、伊萊恩・丹頓，中信出版社。

《這不是你的錯》繁體版為《問題不是從你開始的：以核心語言方法探索並療癒家族創傷對於身心健康的影響》，馬克．渥林，商周出版。

《母愛的羈絆》繁體版為《媽媽的公主病：活在母親陰影中的女兒，如何走出自我？》，凱莉爾．麥克布萊德博士，橡樹林。

《世界觀：現代人必須要懂的科學哲學和科學史》繁體版為《世界觀：現代年輕人必懂的科學哲學和科學史》，理查德．迪威特，夏日出版。

《思辨與立場：生活中無處不在的批判性思維工具》，理查．保羅、琳達．埃爾德，中國人民大學出版社。

《別逗了，費曼先生》繁體版為《別鬧了，費曼先生：科學頑童的故事》，理查．費曼，天下文化。

《逆商：我們該如何應對壞事件》，保羅．史托茲著，中國人民大學出版社。

第 3 章

家庭突圍

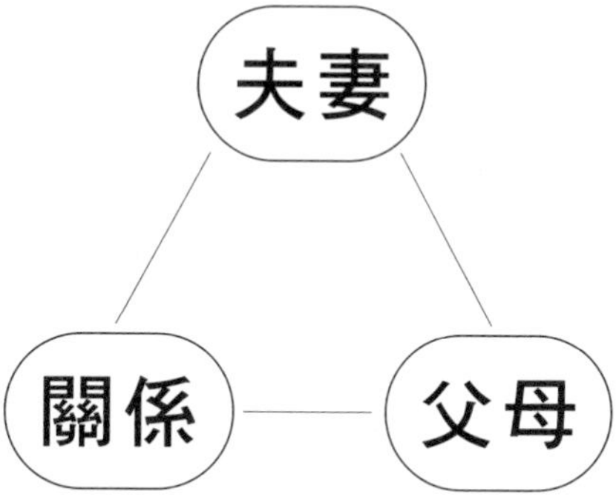

Part 1

夫妻

一個人的價值，
不取決於他的婚姻是不是比別人的更穩定。

如何成為一個既有趣又有文化的男人？

Q 我一直都不愛看書，也不愛學習。自從去年開始創業後，我慢慢開始願意看書了。但書越看越多以後，我跟太太之間反而出現了一些摩擦。比如，我看了一些營養學方面的書，當太太要吃麵包時，我就會告訴她麵包有什麼缺點；當她喝優酪乳時，我又會告訴她優酪乳沒什麼營養。太太因此就說我，本來還挺有意思的一個人，看書看得突然變得很無趣了。我想請教樊老師，怎樣才能變成一個既有趣又有文化的人？

很多人說，我算是個既有趣又有文化的人，但是，我老婆卻不這麼看。因為跟她在一起，我也會說你為什麼不讀這本書，為什麼不讀那本書，她也很煩。

不過，人的發展過程就是螺旋式上升的。你不可能剛讀了一些書，就變得既有趣又有文化。你現在可能正處於刻意學習知識的階段，所以在生活中會不自覺地運用你學到的知識，等度過了這個階段，積累了更多的知識，將其內化為一種底蘊，你就會發現，其實**要想說服別人，指出優點比責備缺點更有效**。你可以慢慢改掉這點，多去關注別人的優點。

《瞬變》這本書裡說過，引領我們進步的並不是缺點，而是優點。我們要學會在生活中尋找亮點，找到的亮點越多，進步就越快。

如果總是在找缺點，最多是彌補了缺陷，卻難以綻放光彩。女孩子穿衣服也是一樣，一定不要去努力掩蓋缺陷，而是要努力放大優點，這是我在中央電視臺受到的最有效的培訓。

孔子說最高級的人是生而知之，生下來就會，那是聖人；第二等人是學而知之，像孔子自己就是學而知之。你屬於「困而知之」，就是遇到事了，困住了，才想到要去學習。但是你比最後那類人強，那類人「困而不學，民斯為下矣」，困住了都不願意學習，那就沒救了。所以，你挺棒的。現在你只需要去尋找自己和周圍人的亮點，就可以了。

繼續讀書，別懷疑書。書沒有問題，它終究會給你一個答案。

老婆總跟我對著幹，我該怎麼辦？

Q 我愛人經常打著「我是為你好」的旗號跟我對著幹，讓我去做我不想做的事，但是我真正想做的事卻做不了，我該怎麼辦？

你應該反思的是，為什麼你在你老婆心中變成了這樣一個角色。可能是因為你之前對她有過一些傷害？但是冰凍三尺，非一日之寒，想重新建立信譽，沒那麼容易，你只能慢慢來。

在建立信譽的過程中，你要記得孔夫子說的那句話，「君子求諸己，小人求諸人」。什麼意思？要想改變你老婆，最近的路徑是改變你自己，就是不要去問：我老婆這樣，怎麼辦？有沒有什麼辦法，讓我老婆不這樣做？你能不能學會在家裡更多地表達善意？能不能更多地去支持你老婆做的事？最簡單的方式是，多發現她身上的亮點，遇到亮點就說出來，遇到缺點就忘記。你會發現，她很快就會發生改變。

《瞬變》講的就是這個內容。促進他人或一個組織發生改變，最重要的辦法是發現他人或組織的亮點，而不是不斷糾錯。當你做出改變，不斷發現你老婆身上的亮點時，你和你老婆之間的關係就會逐漸發生改變。只要你發生了改變，她就會改變。

山居生活與孩子的教育該怎麼平衡？

Q 我老婆特別嚮往去山裡生活，但是考慮到未來有了孩子，山裡的生活肯定沒法給孩子良好的教育，該怎麼去解決這個問題呢？

做好「生活會發生變化」的準備就好了。

這個世界上的生活方式是多種多樣的，我們不能因為自己沒想過這件事，或者想過但不敢去做，就覺得人家的想法很怪。有一本書很好看，叫《山中花開》，作者是法頂禪師。他寫了一系列的書，內容全是他在山中的生活。他是一個現代人，但是生活在沒有水、電的地方。他自己搭了一個小茅草棚，在山裡住著，每天跟大自然充分親近。書裡有一個情節我特別喜歡，他在冬天的河裡洗衣服，洗著洗著腳下一滑，砰，摔倒了，後腦勺磕在石頭上，就摔暈了，被河水沖了半天後，他醒過來了，發現流了好多血。爬起來後，他就回家寫日記：我們每天都在準備面對無常，但這是遠遠不夠的，因為有時候無常會從身後襲來。

你太太有這種願望，可能是讀王維的詩讀得很多，覺得山中幽居是非常美好的一件事，那你就陪她實現一下唄。你陪她在山裡住上三個月，讓她充分感受一下山中的生活。如果她真的能在山中住三個月，而且如魚得水，那你就要調整一下你的心態：是留在那兒跟她一起生活，還是兩人異地而居，你在城裡生活，她在山裡生活，然後你每週去給她送點東西？都有可能。

孩子的教育問題你就更不用擔心了，在大自然的環境中，孩子或許可以成長得更好、更健康。再說，你也可以把孩子帶到城裡來上學啊。

我認識一個南非攝影師，當年的電影《動物世界》[3]的開場鏡頭就是他拍的。他有兩個孩子，都帶著在大草原上生活。那怎麼上學？根本上不了學。孩子跟誰在一起待著呢？跟豹子在一起待著。那些豹子就在孩子身邊待著，孩子就摟著豹子打鬧。你

3《動物世界》是二〇一八年上映，由日本漫畫《賭博末世路》改編而成的電影。

問孩子的文化課怎麼辦?父母教。父母教他們識字,跟他們說話,帶著他們。人是可以有不同的成長方式的。

我還認識一個英國畫家,他的作品被詹姆士·龐德的扮演者史恩·康納萊收藏過,也被英國女王收藏過。我問他:你為什麼這麼有創造力?他說:因為我小時候生活在叢林裡,我的爸爸媽媽根本不管我,我每天放學回到家,窗戶一開就跳到叢林裡去玩了。我最感謝的就是他們從來不管我,不打我,不罵我,我就在叢林裡那麼瘋狂地玩,上很簡單的學,後來慢慢發現自己的繪畫天賦,畫得越來越厲害,最終成為一個畫家。

所以,人真的是有各種各樣的生存方式的,不要覺得離開城市,自己就變得離經叛道了。你能有這樣一個老婆,我覺得是你的福氣。

老公和女同學一起創業，我該支持他嗎？

Q 我跟我老公感情是滿好的，一直以來，我也很支持他。但是，我老公準備跟大學女同學一起創業，我偶然發現他們之間溝通得太多了，心裡有點矛盾，不知道應不應該繼續支持他。

我理解你為什麼會問這個問題。生活裡，我們都會有一些不安全感，這種不安全感會讓我們患得患失。但是你要知道，安全感只能從我們自己身上獲得，即便在婚姻裡也是一樣的。如果你能調整好自己的心態，你就能給自己更多安全感。如果有一天，你真的覺得自己沒有魅力了，找個私家偵探一天到晚去盯梢，你老公肯定會被你逼出家門的。他要的是愛，不是監督、盯梢。

所以，我覺得更重要的事是，你要去提升自己的魅力，就是你要讓自己活得開心，活得上進，活得有趣，做一個有趣味的人。

或許你會說：樊老師，如果我聽了你的話，老公跟別人跑了怎麼辦？老公跑了又能怎麼樣呢？那時候你已經成了更好的自己了呀。我說這些話，可能會有很多人不喜歡聽。**一個人的價值，不取決於他的婚姻是不是比別人的更穩定**。何必用別人的眼光來評判自己的生活呢？如果你真心對你老公好，你很快樂、很正能量，把孩子教育得也很好，這樣你老公還是要離開你，那這個男的也太不值得挽留了吧。

所以，仔細想想，這都是你自己的事，那麼糾結幹嘛？更何況，人家可能根本沒啥事。

喪偶式帶娃，該不該離婚？

Q 我有一個巨懶的老公，他每天都說自己不舒服，要是我不伺候他、不哄著他，他就覺得我不愛他。我還要帶兩個小孩，沒有老人幫忙，完全是喪偶式帶娃。之前一直考慮孩子沒有父親不好，現在真的忍受不了了，非常想離婚。這樣的父親對孩子的成長真的好嗎？

我不能隨便就對你說「你就去離吧」，因為我不了解具體的細節。我只能說，這個社會上真的有一些人是勒索型人格，就喜歡用情感來勒索別人，占別人的便宜。

我們講過一本書，叫《小心，無良是一種病》，裡面就有很多類似案例。有些男人結婚的目的就是找到一張飯票，這輩子就可以不用再做任何事了。而且，他會一直纏著你，一直讓你產生內疚感，還會用孩子來作為要脅的手段。如果是這種狀況的話，那離婚肯定是好過在一起的。

有人做過「家庭狀況對孩子的影響」的研究，最佳的家庭狀況是夫妻非常和睦，在一起生活得很好，這對孩子的影響是最好的；次佳的狀況是夫妻雖然離婚了，但是仍保持著很好的溝通和交流；再差一些的狀況是兩人不離婚，天天吵架；最糟糕的狀況是兩人離了婚還天天吵架，這對孩子的傷害是最大的。

離婚這件事，你肯定需要自己去權衡。如果你嘗試了很多次都沒法解決這個問題，其實離婚也是一個選擇。而且，**人類之所以設置「離婚」這個選項，就代表著這是人類的一個自由、一個權利，這是人類進步、文明的一個標誌。**

一個家庭觀念很強的人，如何面對離婚這件事？

Q 我有一個朋友，她的前半生是充滿愛的，親情、愛情、友情都很順利。但是，她的生活突然就發生了變故，她的另一半變心了，不愛她了，甚至開始賭博了。我的朋友現在很崩潰，但是目前她還沒有離婚，還在這段婚姻裡躊躇著，因為她認為世界上任何事情都沒有家庭和睦、夫妻相愛重要。失去了這些，其他的都沒有意義了。對於她的情況，您怎麼看？

我推薦她閱讀一本書，叫《幸福的陷阱》，它絕對不是心靈雞湯或積極心理學。它告訴我們，**給我們帶來不幸的，恰恰是對幸福的過度追求**。我們會在腦海中預設一個信念，「我這樣的人是絕對不會離婚的」，或者「我這樣的人是絕對不應該不幸的」。這種對幸福的過度追求會讓我們產生很多「強迫性信念」。

什麼叫強迫性信念？「我覺得我必須得這樣，我才能怎麼怎麼樣」，這就是典型的強迫性信念。「離了婚的人一定不幸福」，這也是種強迫性信念。這種信念對不對呢？我覺得是不對的，是你想像出來的。事實上，離婚後日子過得好的人多的是。

《幸福的陷阱》裡介紹了一個心理療癒方法，叫ACT（Acceptance and Commitment Therapy），中文翻譯是「接納與承諾療法」。這是我現在看到的一個相當有效的方法，能立竿見影。

人生就像開公車，我們自己就是駕駛。在公車靠站的時候，可能會上來一些怪獸、一些不太受歡迎的乘客。這些乘客會跟你吵架、鬧事。現在，你有兩個選擇：一個是停下來跟他吵架，吵完了再走；另一個是你繼續開車，往前走。你是選擇停下來一直吵架，還是選擇繼續開車？很多人一輩子就停在一個月臺上，一直在吵架，哪裡都沒去過。如果你選擇繼續開車，那麼你會發現，那些怪獸、不受歡迎的乘客只會張牙舞爪、虛張聲勢，他們根本傷害不到你，而你卻可以繼續塑造自己未來的人生。

夫妻倆總是因為教育孩子發生矛盾，怎麼辦？

Q 我有一個關於夫妻關係的問題。有人說，教育好孩子的前提就是家庭關係要好，夫妻關係比親子關係更重要。我們家就是「以孩子為中心」。我和我老公經常因為教養孩子的問題發生爭論，我老公總是很焦慮，經常挑孩子的小毛病，而我覺得那些都不是什麼大問題。我不知道該怎麼安撫他。

這個問題很普遍，很多家庭都是以孩子為中心的。**實際上，給孩子帶來最大安全感的，是父母有自己的生活，有自己的追求。父母的人生在孩子看來是很棒的，孩子才會對自己的人生充滿希望。**

對於你老公的問題，我覺得有一本書可能可以幫到他，這本書叫《你的生存本能正在殺死你》，它從生理學、遺傳學的角度告訴我們，人為什麼這麼容易焦慮。這是因為我們體內的原始獸性還在。人從原始社會走到現在，靠的就是焦慮，就是每天不停地擔心，山洪是不是要暴發了，老虎是不是要來了。靠著這種焦慮，人類學會了未雨綢繆，事先防備，最終才延續到現在。理解了焦慮的來源，你老公才能知道他過於挑剔孩子的小毛病其實是沒有必要的，然後就能慢慢調整他的教育方法。

所有研究教育的人都知道，越是把注意力集中在孩子身上，反而越不利於孩子的成長。如果父母天天用焦慮的態度對待孩子，規定孩子應該做什麼，不應該做什麼，那他永遠都不知道自己該怎麼做，他只會跟著你的指揮棒生活，你推一下，他才動一下。這對親子雙方來說都是非常痛苦的。

如果你想說服你老公，你可以跟他來一次關鍵對話。有一本書可以推薦給你，就叫《關鍵對話》。你可以用書裡的邏輯步驟來跟你老公談話。你要跟他一起確定一個共同目標，而不是張口就跟他吵架，吵架就代表著你們根本沒有共同目標。在談話時，你可以先提出：我們倆都希望這個家變得更好，是不是？發脾氣了就先道歉：對不起，我剛剛的表述可能不太對，我重新說一下。用這種方式營造出良好的談話氛圍，然後再進行溝通，解決問題。

換個角度，就算你說服不了你老公，你可以改變自己呀。你可以先放鬆一點，家裡有他操心就夠了，你可以開心地去幹你自己的事，開心地把你自己的生活經營得更好。**改變世界最長的路徑，就是透過別人去改變。改變世界最短的路徑，就是透過改變自己來改變**。如果你自己先放鬆、改變了，你老公和你的孩子都能夠感受到。

這是三種不同的解決邏輯，你回去可以都試一下。

夫妻長期分居面臨離婚，如何告訴孩子？

Q 我們一家三口現在分別生活在三個不同地方，我在北京工作，女兒在老家讀書，我老公在另一個地方工作。因為長期分居，我和我老公面臨離婚。我現在的問題是，怎麼跟女兒更好地溝通這件事。我女兒今年七歲，讀一年級。

不要給孩子營造一種悲傷的氛圍。你能不能讓孩子感受到生活的美好？比如讓孩子感受到，「就算我和你爸爸分開了，我們兩個人也照樣愛你。離婚跟你無關，那是大人之間的事，但我們都是永遠愛你的」。過去我們經常說父母的陪伴對孩子非常重要，如果父母陪伴得不到位，就會給孩子造成多大多大的傷害，但實際上你想想看，那些在戰亂中父母雙亡的孩子，難道他們一定都生活得不好嗎？所以，有父母陪伴的孩子，他身心健康地長大的機率會更大一些，但這也不是絕對的。**孩子能否身心健全地成長，核心是「孩子怎麼看待父母和自己的關係」**。在看節目的時候，我們會發現有些失去父母的孩子會說「媽媽在天上照顧著我」，當孩子能這樣看待這件事的時候，他一樣可以感受到來自媽媽的愛。

如果不斷強調「你看媽媽都不在身邊，孩子真可憐」，孩子慢慢地就會認同這種感覺。實際上，如果你告訴他，「不管在哪兒，媽媽都是愛你的，咱們每週都通話，媽媽會一直關心你」，即便你們分開，他也能感受到你的愛，情感上不會感到有缺失。很多家庭，雖然媽媽天天跟孩子在一起，卻天天都在傷害孩子，孩子也感受不到媽媽的愛。

我還想多說一點關於家庭教育的話。大家似乎天然地認為，做父母的就是要管著孩子，整天告訴他不要幹這個，不要做那個。其實，家庭教育中最重要的是愛和邊界，這兩樣東西永遠都是要有的。首先，家庭教育最核心的原動力是愛。父母要不遺餘力地去表達愛，讓孩子知道父母永遠愛他，永遠支持他。其次，家庭教育要讓孩子感受到價值感。孩子能感受到自己為家庭所做的貢獻，為社會所做的貢獻；孩子在努力進步，而別人能夠看到他的進步。這都能讓孩子感受到價值感。最後，家庭教育還要幫孩子理解學習過程中所遇到的困難，培養出終身成長的心態。

我寫過一本書叫《讀懂孩子的心》，跟另外兩本書：《你就是孩子最好的玩具》、《如何培養孩子的社會能力》一起推薦給你，你回去好好讀一讀，用書裡的方法去跟孩子溝通、相處，我相信你能很好地解決你面臨的問題。

家庭教育中最重要的是愛和邊界，
這兩樣東西永遠都是要有的。

Part 2

父母

衝突不應該是家庭問題的導火索，
而應該成為家庭學習的機會。

跟老爸的價值觀不一樣，怎麼辦？

Q 我一直跟爸媽一起住，最近我發現我跟我爸的價值觀好像有一些分歧。我們家的車停在社區裡，被別人的車撞了一下，我爸就想要狠狠敲對方一筆錢，但我覺得完全沒必要。最後的處理結果是，對方走保險賠了幾千塊錢。我爸挺滿意。上個星期，車又被人蹭了一下，這次情況不嚴重，但我爸還是想讓人家賠幾百塊錢。我覺得沒必要，最後就算了，我爸因此心裡不滿，好一頓埋怨我。我跟他的價值觀可能真的不一樣，但又找不到解決的辦法。

確實沒辦法解決。一個人手臂癢，就會去抓，抓得太厲害就會把皮膚抓爛。最後，嚴重的不是癢，而是抓出來的傷口。所以，是你的反應讓事情變得更糟糕，而不是事情本身。

老爺子在家裡生生氣，發發牢騷，吵兩句，你嘻嘻哈哈笑一笑，這件事就過去了。如果你特別認真，揪住不放，反而會把事情越鬧越大，越鬧越不愉快。孔子說孝敬父母「至於犬馬，皆能有養；不敬，何以別乎」，犬和馬你都能養活，養活老人還能算是孝嗎？你能和顏悅色地跟老人家說話，才能體現「孝」的本質。

我爸也有很多很奇怪的行為，特別逗。他是數學教授，什麼事都愛算帳。包括我爺爺去世，全家人回去奔喪，喪禮結束後，我爸給全家人算了一筆帳，用我爺爺的遺產給大家把交通費都報銷了。他說一定要做到足夠公平，全家人都要登記。我說，我不要，我給我爺爺奔喪，你還要給我報銷交通費，像話嗎？但是後來想想，他就是這樣，你改變不了他。這筆錢，我爸至今還給我留著，每年還念叨：你快來把這個錢領走，快來！

還有一次我表弟開車送他和幾位長輩去農村參加葬禮，回來後他問我表弟汽油費多少錢，過橋過路費多少錢，要跟老哥兒幾個平攤。你說他的價值觀跟我們的價值觀是不是不一樣？但是我們只能笑呵呵地跟他聊，把它當成個樂子。

其實，你完全可以把你爸定位成「咱家的老英雄」，咱家的英雄從來不吃虧，萬一以後在社區裡遇見特別難對付的人，搞不好還得讓你爸幫你出頭呢。像你這樣，遇見事動不動就笑呵呵地說「算了，算了」，也很容易吃虧，你們家其實也是很需要有你爸這樣的頂梁柱來撐的。跟父母在一起，給他們講道理是最沒用的，你只要和顏悅色、開開心心地陪伴他們就好，這是最難的，但也是最重要的。

老爸沉迷各種不靠譜的理財方式，我該如何勸說？

Q 我爸媽都有穩定的工作，本來我們家的經濟狀況還是不錯的，但是不知道從什麼時候開始，我爸迷戀上了各種不靠譜的理財方式，賠了不少錢。前兩年，我爸因為P2P第一次賠了十幾萬的時候，我媽跟他產生了很大的矛盾，甚至還鬧過離婚，有點嚴重。現在我也不知道該如何勸他不要相信那些理財方式。

這種事是很常見的，我們遇到過大量的案例。前兩年，P2P、小額信貸、非法集資，的確騙了特別多的老百姓，而最容易上當的就是老人。

對於這種情況，你能做的可能就兩件事：第一是看好你自己的錢，不要隨便給他。第二就是多給他進行一些法律普及教育，讓他跟你一起，從法律的角度去看這件事。比如，你把那些因非法集資等受騙賠錢的案例拿給他看，多給他吹這樣的風：爸，你是那種一學就明白的人，你是有文化的人，你是特別聰明的人。你甚至可以讓他給其他親戚普及這種騙局，活學活用嘛！打著幫助別人的旗號，把你爸變成一個法律知識宣導員。這個原理就是想辦法提高他的自尊水準，讓他擁有改變的能力。

如果你們一家人圍攻他：「你腦子有病，你怎麼搞的？那些錢是怎麼掙回來的你都忘了嗎？」你們越這樣做，他越倔強。他會回答你們：「萬一我是對的呢？上次只是運氣不好，下次我賭一把大的，一定賺！」

我們家就出現過這樣的情況。我表弟的一個長輩做生意虧了，有個人來騙他，騙走了幾千萬後音信全無。全家人因此每天攻擊他，還召開董事會一塊批評他。在這種情況下，老爺子越來越倔強，最後放出話說「錢反正是我掙的，就這樣了」。所以，如果你不能夠把你父親的情緒理順，不能夠安撫他，提高他的自尊水準，想讓他改變是非常困難的。

人發生改變的原理是一樣的：覺知—接納—改變，而不是覺知—自責、自責、自責—不改變。自責越深，越不會改變。接納越徹底，越容易改變。事過去了，笑一笑，反正已經被騙了，算了，下次不這樣就好了。

你也可以想辦法把他手裡大部分的錢借過來，幫他保管著，剩一點給他零用，這樣就算他被騙了，也不至於傷筋動骨。

感覺被媽媽監控了，我該如何擺脫？

Q 我媽媽非常關心我，把我的微博、微信，還有其他社交帳號都關注了一遍，她還關注了我所有朋友的微博。她的做法讓我感覺自己被監控了，而我又想要一些私人空間，因此在跟她溝通時我有時候會比較煩躁，甚至會有些不耐煩，但是過後我又會後悔。因此我想問問，我該如何擺脫媽媽的監控呢？

你小時候跟媽媽的溝通模式是什麼樣的？她會控制你嗎？如果你小時候她就控制你比較多，那麼就算現在你長大了，你們兩個人還是會維持這種相處模式。比如，孩子上中學的時候，很多家長不讓孩子談戀愛，但是孩子都上大學了，有些家長還在莫名其妙地堅持這個原則。這可能就是一種慣性。所以，現在我們只能調整自己的心態了。你不能跟你媽說斷絕母女關係，這肯定不行。你把這件事當個樂子看好了——「我有一個媽媽，她是我的隱形守護神」。這樣也有好處，萬一哪天你真的需要求助，你媽就可以立刻出現在你面前，因為你一直在她的關注之中。

你可以跟媽媽好好談談，用比較溫柔、比較平心靜氣的方式。大喊大叫會造成更多的傷害，媽媽一哭你就會內疚，而媽媽最容易用愧疚感來控制女兒。媽媽一般不會控制兒子，因為她不熟悉男孩的世界，也不太會把自己的目標投射在男孩身上。她更習慣性地把目標投射在女兒身上，希望女兒能夠活成她沒有活成的那個樣子。

這會導致很多女生這輩子內心充滿內疚，經常在內疚和暴躁之間徘徊，離媽媽近了就暴躁，遠了就內疚。所以，你倆都得正視這件事。你得跟她討論一下這個問題，跟她一起打開手機，聽一下《母愛的羈絆》。聽完以後，你可以跟媽媽討論，對她說：「媽媽，你的這種做法會給我造成很大的壓力，咱們能不能保持一個更為良性的距離，空間上的、時間上的、心理上的？我會定期向你彙報我的狀況，咱們還可以經常開心地見面，但你別老在背後監控我。」

所以，解決辦法就是跟她聊，討論，談判。實在不行，你就把她的這種監控視作她表達愛的方式。我們沒辦法改變父母，也不用做這樣的努力，最多能稍微影響他們一點，我們要把大量工夫下在自己身上，讓自己發生改變。

我爸就是上天派來修練我的。我特別希望能改變我爸，但我唯一能做的事就是「呵呵，老爸就這樣」。因為我不可能對我爸說：「你這樣做我不能接受，我跟你拚了！」最後，我的脾氣就修練得特別好。你就把這件事當成修練自己的工具吧——媽媽還想幫我這一程，把我修練成一個更善於跟人溝通的人。這樣想，你是不是就不那麼抵觸媽媽的監控了呢？

父母吵架，找我評理，我該向著誰？

Q 我爸媽性格不合，從年輕吵到現在。我媽經常在吵完架後打電話給我，讓我去評理，我真的去評理後，我媽會說我向著我爸。怎麼才能處理好父母之間的關係呢？

這個問題是有一個相對確定的答案的，就是你不能管這件事。他們愛幹嘛幹嘛，吵架、打架、離婚，都隨便他們，那是他們自己的事。你已經長大了，你已經離開那個家了。

你可以記住一個咒語，這個咒語很管用，叫「你是大的，我是小的」。你要跟你媽講：「媽，你是大的，我是小的，應該你來幫我解決問題，而不是我幫你解決問題。」家庭裡最常出現的問題，就是孩子長大後，喜歡在父母面前扮演他們的「父母」。你去調停他們倆的關係，其實就是在扮演他們的父母。

既然你扮演了父母，他們就會很樂於扮演孩子，因為父母已經很久沒有得到他們的父母的愛了。真的，**有很多人會在自己的孩子身上尋找父母之愛，會去依戀孩子，讓孩子來照顧自己，這種親子關係是畸形的**。如果你持續扮演這個角色，父母就會在潛意識中渴求你的照顧。

所以，你必須告訴你的父母，「你們是大的，我是小的」，所以他倆的關係就由他們自己去處理吧，愛打就打，愛離就離，都行，你都能接受，你都支持。你要讓他們知道，能夠給他們父母之愛的，只有他們自己的父母，也就是你的爺爺奶奶、外公外婆。就算他們都去世了，他們的位置也還在那裡，誰都不能取代。

父母文化程度不高，產生了家庭衝突怎麼辦？

Q 我剛當上爸爸，在教育上跟父母會有一些不一樣的地方。因為聽樊登老師說過，不能教育父母或者怎樣，我就不知道該怎麼讓他們接受新一點的教育觀念。當然我也推薦了他們聽「樊登讀書」，但是他們只有小學程度的文化，所以接受起來不是很快，我們還是會有一些衝突。該怎麼辦呢？

首先你要知道，**衝突不應該是家庭問題的導火索，而應該成為家庭學習的機會。**

如果你想引導父母學習一些知識，可以先從自己開始。你可以跟他們說：咱們可以一起看一個課程，我覺得對我幫助很大，然後帶著他們一起看。而不是說：爸爸，你都不會跟孩子說話，我給你看一個課程學習一下。這兩種說法帶來的感覺是完全不同的。

如果你能更多地從改變自己、批評自己的角度，帶著全家建立「學習型家庭」的氛圍，慢慢地，改變就會自然而然地發生。還有一點你要注意，父母的文化程度本來就不高，給你帶孩子，他們的壓力也很大，你要更多地去發現他們的優點，父母一樣是要被優點驅動的。如果你和妻子總是注意到他們說錯了話，他們就會越來越緊張，反而會更經常地說錯話，或者乾脆破罐子破摔：我就這樣，我不改了！所以，你要更多地去發現他們說對話的時刻，發現他們有耐心的時刻，發現他們跟孩子處得很好的時刻，然後對他們表示肯定，這時候他們就會有信心，以後會做得越來越好。

千萬不要覺得文化水準低的人就不能學習。我曾經在山東濟寧演講，有個八十歲的老太太從泰安坐高鐵到濟寧來參加我的活動。我們倆還在高鐵站碰見了，老太太特別熱情地拉著我的手說，她一個字都不認識，就是透過聽「樊登讀書」來學習怎麼帶孫子、怎麼跟全家人搞好關係的，現在大家都非常喜歡她。以前他們家也老吵架，因為她沒文化，只會用大喊大叫來表達，但是現在家庭氛圍變得很好。她對我表示感謝。你看，沒有文化的八十歲老太太都可以做到，還有誰做不到呢？

和父母的育兒觀不一致，怎麼辦？

Q

我的消費觀和教育理念跟父母的有比較大的差異。比如，我願意花錢找人來打掃清潔、做家務，好把更多的時間留出來做更喜歡、更有意義的事。但是我父母會認為，這麼做就是懶惰和浪費。照顧孩子的時候，我認為衣食住行這些事可以慢慢鍛鍊孩子自己做，他第一次做得不好，第二次就學會了。但是父母會覺得，我連孩子的衣食住行都照顧不好，怎麼能算合格的母親呢？他們是父母，是長輩，我覺得跟他們很難溝通，應該怎麼辦？

你找家政打掃清潔被父母念叨，他們還非要替你打掃，你覺得很煩對嗎？可是你有沒有想過，不幫你打掃，你讓他們做什麼呢？你希望你的父母每天坐在那裡一直看電視，還是跳一天廣場舞呢？他們想打掃整理，你都不給機會，你太殘忍了吧。

我覺得你的問題不在於這件小事本身。你的問題在於，為什麼這麼重視這件事？老年人跟你在一起，他總得說話，沒話也要找話說。但是，他們從小到大學會的說話方式就是帶負能量的，嘮叨你學習，嘮叨你找工作，嘮叨你找對象，嘮叨到現在，發現閨女還挺厲害，什麼都搞定了。那現在他們還能嘮叨啥呢？沒啥好嘮叨的了，那就嘮叨你不打掃整理吧。所以，如果你把不打掃這事解決了，他們還得費勁再找個別的來嘮叨你。

你別想著你爸媽會突然用很正面的方式跟你說：我今天學了什麼東西，有進步了。不會的，他們已經習慣了，這麼多年來就是這樣，所以你要接受他們就是這樣跟你互動的，這就是他們表達愛的方式。你就樂樂呵呵、客客氣氣、高高興興地享受他們對你的關懷、服務。

所以，你要做的就是別太重視他們的嘮叨，那只是你們家庭的一種生活氛圍。可能過了若干年後，你甚至會很懷念這個嘮叨的氛圍。

你知道我爸媽嘮叨我什麼嗎？我爸見到我就說：你看你現在沒個正式工作，這個樣子多可惜，本來你在大學裡的工作多好。我說：我現在做的事情比在大學裡工作更厲害，比在大學教的學生還多，哪個大學能教這麼多人？我爸就說：那你也沒職稱！一句話就給我死了，沒辦法。我媽見到我就說：你太累了，你看你累成這個樣子，多辛苦。我說：我不辛苦，我比一般的上班族肯定要輕鬆多了，一天工作時間不會超過八個小時。我媽說：你的工作強度大，你辛苦！

你是不是還想說，爸媽能不能別嘮叨，能不能發現我的優點，營造一個良好的氛圍？父母從小到大就是這樣生活過來的，很難改變了。如果你看過《可複製的領導力》，你的心態就會跟父母那一代的有所不同，你營造的家庭氛圍可能會不一樣，但是現狀就是這樣，你要接受它、享受它，然後隨機應變就好了。

每次回老家看父母都會跟他們大吵一架，怎麼辦？

Q 我是一名小說作者，現在每次回老家，都覺得特別消耗能量。回家前，我的狀態挺好的，離家的時候我就覺得能量都消耗光了，心特別累。我父母每天都在酗酒，我就想勸他們別喝，可是溝通總是無效。他們說「你管好自己就行了」。他們還總是希望我按照他們的規劃回老家工作，賺一份穩定的退休金。我們誰也說服不了誰。我看他們年齡大了，總想多回去看看，可是每次回去都要跟他們大吵一架，該怎麼辦？

解決這個問題，你要處理好這幾個方面的事情。

第一，父母的事你管不了，做孩子的別替父母瞎操心。孔夫子說過，「父母唯其疾之憂」。對父母，你只需要擔心他們有沒有生病，生病了送他們去醫院。除此之外，他們愛幹嘛幹嘛。家庭秩序不能亂，你越管他們，他們越像個孩子，會撒嬌，會撒潑，會不講理，會給你找事，這樣一來你就會覺得很心焦。你所謂「能量都消耗光了」，就是因為你為他倆操碎了心，他們卻不聽你的。

你回家應該是去補充能量的。怎麼補充呢？你是孩子，他們是父母，所以回家了你要撒嬌撒潑，要吃好吃的。你在父母面前更像小孩，他們才會更像大人。

至於他們老讓你回老家工作這種事，可以理解，全國他們這一代的父母好像都這樣，我爸媽也這樣。我爸現在見了我都會說我沒工作，他很操心。對於他們的這個想法，你聽著就行了。你可以多跟他們講講你的好消息，比如說哪篇文章發表了，哪部小說收到了讀者的來信，給他們看看讀者的留言。還可以跟他們說，樊登老師說了，未來最掙錢的人就是作家。我真是這麼說的，我認為中國未來最有錢的人一定是作家。所以，最重要的是，首先理順你跟你爸媽的關係。

第二，把小說寫好。要想寫好小說，不能瞎琢磨。寫科幻小說也不容易。劉慈欣的《三體》為什麼厲害？因為他真的讀了很多量子力學的書，有很強的學術根基。我推薦你讀一本書，叫《故事的道德前提》。如果你想寫好故事，想寫出能被改編成電影、電視劇的故事，那這本書對你來說會很有用。一個好的故事一定有道德前提，這個道德前提就是影視的主題。

再給你推薦一本我們講過的書，叫《你能寫出好故事：寫作的訣竅、大腦的奧秘、認知的陷阱》，另外你還可以看一看由好萊塢著名編劇寫的經典著作《故事：材質、結構、風格和銀幕劇作的原理》。

你得知道故事的起承轉合到底是怎麼回事，人物又是怎麼變化的。把道德前提植入進去後，再努力從你的人生經驗中去尋找那些更鮮活的東西。

有個文藝評論家說過，偉大作家和偉大作品，基本上都是在寫二十歲以前的生活。張愛玲寫的是她二十歲以前的上海，《紅樓夢》寫的是二十歲以前的賈寶玉，《白鹿原》寫的是陳忠實二十歲以前看到的生活，《平凡的世界》[4]寫了二十歲以前

4 小說《白鹿原》是陳忠實於一九九三年出版，曾獲得第四屆茅盾文學獎，故事描繪西安農村中的白、鹿兩家幾十年的恩怨情仇。《平凡的世界》則是路遙創作的長篇小說，分為三部，曾獲得第三屆茅盾文學獎。故事以孫少平與孫少安兄弟的人生歷程為主，呈現大時代的種種故事。

的孫少平、孫少安等等。所以，你要從你的生活背景中去汲取養分。現在你還這麼年輕，要成為一個好作家，我覺得完全有機會、有希望。現在社會給了文藝青年很大的空間，只要保持足夠多的連載，靠打文字就能養活自己。

你現在的這個工作非常能「反脆弱」，好好寫，把你爸媽給你的壓力、痛苦都化作幽默的文字。**消解壓力最有效的方法，是把它作為描寫的對象寫出來，只要寫出來，心情立刻就會好很多。**你看看，你爸媽不但把你養了這麼大，還在持續不斷地給你提供素材，多好啊，回家「補血」去吧。

一直活在父母常年打架的陰影中，如何才能放下？

Q 在我小的時候，父母就一直爭吵，甚至大打出手。現在他們兩個都五十多歲了，還是這樣。我心裡對此有一點點小陰影，不知道該怎麼處理這件事。

兩個人打了二、三十年還沒分手，說明他們倆有著非常強的在一起的動力，如果沒有，他們早就分開了，所以你應該為自己有這麼一對互相熱愛的父母而高興。

有個原理非常重要：**孩子不能介入父母的感情生活**。一旦介入進去，只會把他們的關係搞得越來越亂。他們會在你身上尋找父母之愛。他倆打架其實需要有一個爸爸一樣的角色出來調停：別打了，老實點，都老大不小了，還吵啥？你扮演了父母的角色，他們就會很自然地扮演子女的角色，你管得越多，他們越覺得只要鬧就有人管他們，反而會鬧得更厲害，把你消耗得更嚴重，所以你必須學會置身事外。

我們講過一本書，叫《這不是你的錯》，就是專門解決這個問題的。父母喜歡吵架，這不是你的錯。看到父母吵架，小孩子為什麼會特別緊張？因為所有小孩子都會自我歸因。看到父母吵架，他不會認為跟自己沒關係，而會認為是因為他不乖，父母才會吵架。沒有人跟他講明白這個道理，所以他會把這些壓力都放在自己身上。你已經長大了，現在有能力愛你自己，有能力照顧身邊的人，你可以更好地對待自己的孩子，你新建立的家庭會比你的原生家庭更重要。所以，我覺得《原生家庭：如何修補自己的性格缺陷》這本書，對你可能也會有所幫助。

做自己父母的父母，會把家庭秩序變得很混亂。父母會過度依賴你，你就感受不到父母之愛。你會覺得你實際上是在照顧兩個家，累得半死，了無生趣。所以，你就好好安撫一下那個童年的你吧。你可以想像一下跟童年的自己對話，跟他講：這不是你的錯，是他們兩個不會處理人際關係。

孩子不能介入父母的感情生活。
一旦介入進去，
只會把他們的關係搞得越來越亂。

Part 3

關係

善於溝通的人「說軟話，做硬事」，
不善於溝通的人則「說硬話，做軟事」。

公婆虧待我，不想給他們花錢，行不行？

Q 前幾天我老公說，他想帶他爸媽去北京旅遊。我說：他們自己有退休金，可以自己去，為什麼要花我們的錢？他爸媽對我不是很好，我也不想對他們好。我們有兩個兒子，生活壓力也挺大的，憑什麼還要給他們花錢？我老公最後同意不出錢，但我能感覺到他有點不開心，我擔心這會影響我們以後的感情。

這是個千古難題啊，其本質還是錢不夠用。

你的問題勾起了我的回憶。我跟我太太的老家相隔很遠，以前如果想回老家，光機票就得八千塊，再算算回家的花銷，給各自父母、親戚包的紅包，帶的禮物，心肌梗塞都要犯了！這個問題是什麼時候解決的呢？掙了很多錢以後就解決了。所以你的問題，最好的解決方法是：多掙點錢。

至於你丈夫想給他們花錢，也是正常的。他是愛他們的，也希望能回報他們。這不只是一種純物質的回報，也是一種情感上的交流。有錢的父母也會期待孩子給自己花點錢，期待的就是這種情感交流。

推薦你讀一本書：《熱鍋上的家庭》，從中學習一下家庭分析。既然你愛你老公，那就需要為他做出一些努力，為這個家庭做出一些努力。你們可以趁此機會去做一套家庭財務的基本預算和規劃。比如規劃一下，如果有一筆意外之財，該用什麼原則來分配，這樣也可以激勵你老公多去賺錢。你也可以努力開源節流，把你們的家庭經營得更好。

在如何對待老人上，最起碼要做到一件事，就是不記仇。要是結了疙瘩，記了仇，可能這輩子都過不去了。同時，你也可以讀一下《非暴力溝通》，從中學習一些溫和而高效的溝通方法。過日子這事，就是要稀裡糊塗。非要分得清清楚楚的話，日子就沒法過了，所以鄭板橋才說，難得糊塗啊。

讀了很多書，為什麼還是處理不好婆媳關係？

Q 我有一個問題，是關於婆媳矛盾的。從生活習慣、養育孩子等各個方面，我跟婆婆之間都有矛盾。其實大家的想法可能都是善意的，但做事或說話總會發生衝突。雖然我讀了很多這方面的書，但我還是覺得這個矛盾有時候挺難調和的。

這個問題涉及兩個方面。

第一，你的家庭中還包含著你的丈夫，他很重要，他所發揮的作用是相當關鍵的。我們講過一本書，叫《幸福的婚姻》，那本書裡就講到，婆媳關係想處好，丈夫一定要站在妻子這邊。要知道，小家庭裡的女主人只能有一個，那就是你。你婆婆之所以跟你爭奪權力，是因為她誤以為她是女主人。如果你老公能旗幟鮮明地站在你這邊，去做你婆婆的工作，效果要比你去做好得多，因為他是她的兒子。而且，如果你婆婆看到你老公每天都很開心，很愛你，跟你關係很好，她也會對你好。

第二，就是你的溝通技巧。溝通有一個原則，善於溝通的人「說軟話，做硬事」，不善於溝通的人則「說硬話，做軟事」。嘴上逞強，一遇到關鍵問題就妥協，最後人際關係極差。所以你得學著哄婆婆開心。怎麼哄呢？多表揚她，多肯定她，多向她學習，沒事給她買點小東西，讓她高興高興。你要讓婆婆覺得你對她挺好的，心裡邊有她。但在關鍵的那些事上，該堅持的你得堅持。如果不是跟孩子的健康、個性、溝通有關的問題，你適當放放手，給她一些空間，讓她有點存在感，這樣更容易搞好關係。

日常的調和，氛圍的營造，你要足夠軟，要讓你婆婆覺得這個家還是不錯的，你還是尊重她的。人心換人心，多磨合幾年，說不定你們的關係就慢慢親密起來了。

老人想再婚，家人強烈反對，該如何處理？

Q 我的問題涉及老年人婚戀引起的家庭矛盾。我母親去世一年多了，父親今年七十二歲，身體還不錯，但有很輕微的阿茲海默症。他現在獨自生活，目前可以自理，但經常感到孤獨，希望有人陪伴。父親打算找個老伴，目前也談了一個。我覺得可以接受，畢竟老人需要陪伴，也需要照顧。可是我姐姐強烈反對，堅持說父親是傻子，對方是騙子，還找其他親戚哭訴，話說得很難聽。我跟姐姐也無法溝通。目前父親想再婚，家裡大戰在即，我很糾結，不知道該如何處理。

首先，要明確一點，就是你姐姐無權干預你父親的決定，她只能發表意見或建議。她哭也好，鬧也好，最後的決定權肯定是在父親手裡的。

其次，對你來說，你也不用太過揪心。子女無權左右父母的決定，就算他們年紀已經很大了。我們唯一能做的事是關心，而不是影響他的決定，我們不能替父母做這樣的決定。

再次，是操作層面上的辦法。你們可以找律師幫你父親做些婚前財產公證之類的事。大家都生活了大半輩子，各自攢了一些財富，在婚前界定好，可以避免婚後因此產生的矛盾和糾紛。如果你父親願意接受婚前財產公證，那是最好的，而且這麼做還能檢驗一下你父親的對象是真心愛他，還是愛他的錢。你們也不用擔心父親被騙錢，而這可能正是你姐姐反對你父親再婚的最重要原因。

最後，你要做的就是勸你姐姐不要那麼強迫父親。你父親目前是一個有獨立民事行為能力的人，對於自己的事情，他可以自己說了算。你們只要給父親足夠的支持和法律上的幫助，讓這個家避免發生悲劇就行了。

陷入人生低谷後，該怎麼辦？

Q 我得了腦溢血，做生意也虧本了，還有四個孩子要養活。家裡人因此都排擠我，我該怎麼辦？

你提的這個問題，其實是關於一個家庭在艱難困苦的時候，應該怎麼一起抱團往前走。

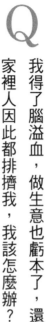

日本有一部卡通片叫做《隔壁的山田君》，特別有意思。片子裡說，一家人在風雨當中前進時，就像是帆船遇到了風浪，這時全家人會特別團結，但是等到風平浪靜後就開始吵架。**大量的家庭出現危機，往往不是在最艱難的時候，而是在風平浪靜的時候。**

就你現在的狀況來說，我覺得最重要的一件事，可能是你自己心態的調整。有可能當你的心態變得敏感後，家裡人說的話到你這兒就會被重新解讀，本來正常的話可能就變味了，成了「你們瞧不起我，你們排擠我」的證據。我相信，如果你跟你太太或是大一點的孩子溝通，你會發現他們說的話並不是你所解讀的意思。所以對你來講，調整心態非常重要。

你可以讀一下《掌控：開啟不疲憊、不焦慮的人生》這本書，幫你鍛鍊身體，早日恢復健康。還有一本書對你可能也會有幫助，叫《非暴力溝通》。這本書的核心是說，**我們不要透過自己解讀的想法去跟別人溝通，就是「我猜你是這樣認為我的」，預設結論去溝通。沒有人願意先被預設**。聽聽《非暴力溝通》，讓自己的情緒變得更好，跟他人能夠保持良好的溝通，保持團結。

另外，你要是想擺脫巨大的壓力，就要去做「影響圈」的事，而不是「關注圈」的事。「關注圈」的事就是：我難受，我抱怨，我後悔，我不該生這麼多孩子……那沒用，現狀已經是這樣的了。你要看到，這麼多孩子其實也是一筆巨大的財富。你要多去關注當下美好的一面，然後做自己力所能及的事。

你還可以學習一下《反脆弱》，這本書的核心智慧就是教我們怎麼樣把壞事變好事。可能在你看來，現在是人生的一個低谷，但是如果你能在低谷中反思出東西，讓自己以後變得更好，這就是「反脆弱」精神。有的人陷入人生低谷後會徹底被生活擊垮，但你今天能夠提這樣的問題，我覺得你身上是有著「反脆弱」精神的。把這個精神發揮出來，努力去做一些「影響圈」的事，生活就會一步一步變好。

在生活中少一些「推理」，多用事實說話，家庭氛圍會和平很多。現在你需要跟家人們一起，在風雨中並肩作戰，共度難關。

總結時刻／

- 這個世界上的生活方式是多種多樣的，我們不能因為自己沒想過這件事，或者想過但不敢去做，就覺得人家的想法很怪。
- 跟父母在一起，給他們講道理是最沒用的，你只要和顏悅色、開開心心地陪伴他們就好，這是最難的，但也是最重要的。
- 實際上，給孩子帶來最大安全感的，是父母有自己的生活，有自己的追求。父母的人生在孩子看來是很棒的，孩子才會對自己的人生充滿希望。
- 改變世界最長的路徑，就是透過別人去改變。改變世界最短的路徑，就是透過改變自己來改變。
- 我們不要透過自己解讀的想法去跟別人溝通，就是「我猜你是這樣認為我的」，預設結論去溝通。沒有人願意先被預設。
- 有個原理非常重要：孩子不能介入父母的感情生活。

- 人類之所以設置「離婚」這個選項，就代表著這是人類的一個自由、一個權利，這是人類進步、文明的一個標誌。
- 人發生改變的原理是一樣的：覺知—接納—改變，而不是覺知—自責、自責、自責—不改變。
- 有很多人會在自己的孩子身上尋找父母之愛，會去依戀孩子，讓孩子來照顧自己，這種親子關係是畸形的。
- 在如何對待老人上，最起碼要做到一件事，就是不記仇。要是結了疙瘩，記了仇，可能這輩子都過不去了。
- 消解壓力最有效的方法，是把它作為描寫的物件寫出來，只要寫出來，心情立刻就會好很多。
- 孩子能否身心健全地成長，核心是「孩子怎麼看待父母和自己的關係」。

〈家庭突圍〉推薦書單

《瞬變：讓改變輕鬆起來的9個方法》繁體版為《學會改變：戒除壞習慣、實現目標、影響他人的9大關鍵策略》，奇普・希思、丹・希思，樂金文化。

《山中花開》，法頂禪師，二十一世紀出版社。

《小心，無良是一種病》繁體版為《4%的人毫無良知，我該怎麼辦？》，瑪莎・史圖特博士，商周出版。

《幸福的陷阱》，路斯・哈里斯，機械工業出版社有限公司。

《你的生存本能正在殺死你》，馬克・舍恩、克里斯汀・洛貝格，中信出版社。

《讀懂孩子的心》，樊登，中國友誼出版公司。

《你就是孩子最好的玩具》，金伯莉．布雷恩，南方出版社。

《故事的道德前提》，斯坦利．D．威廉斯，北京聯合出版公司。（新版為《口碑與票房：賣座故事的道德前提》，斯坦利．D．威廉斯，四川文藝出版社）

《你能寫出好故事：寫作的訣竅、大腦的奧秘、認知的陷阱》繁體版為《大腦抗拒不了的情節：創意寫作者應該熟知、並能善用的經典故事設計思維》，麗莎．克隆，大寫出版。

《故事：材質、結構、風格和銀幕劇作的原理》繁體版為《故事的解剖：跟好萊塢編劇教父學習說故事的技藝，打造獨一無二的內容、結構與風格！》，羅伯特．麥基，漫遊者文化。

《這不是你的錯：海靈格家庭創傷療癒之道》繁體版為《問題不是從你開始的：以核心語言方法探索並療癒家族創傷對於身心健康的影響》，馬克．渥林，商周出版。

《原生家庭：如何修補自己的性格缺陷》繁體版為《父母會傷人》，蘇珊·佛渥德博士、克雷格·巴克，張老師文化。

《熱鍋上的家庭：原生家庭問題背後的心理真相（40週年紀念版）》繁體版為《熱鍋上的家庭：一個家庭治療的心路歷程》，芮皮爾、華特克，張老師文化。

《非暴力溝通》繁體版為《非暴力溝通：愛的語言（全新增訂版）》，馬歇爾·盧森堡，光啟文化。

《幸福的婚姻：男人與女人的長期相處之道》繁體版為《七個讓愛延續的方法：兩個人幸福過一生的關鍵秘訣》，約翰·高曼、妮安·希維爾，遠流。

第 4 章

情感解惑

單身 × 戀愛

Part 1

單身

不如開開心心過好自己的生活，做好事業，
把自己變得更好看，提升修養，然後靜待命運的安排。

渴望戀愛，卻又排斥和男生接觸，怎麼辦？

Q 我沒談戀愛的時候特別想談戀愛，覺得有一個男朋友多好呀！但是，如果真有那麼一個男生跟我聊天，要跟我進一步接觸，我又會覺得好煩，心裡很排斥。我這種心理正常嗎？其他人也會有這種心理嗎？

如果一個男生讓你覺得淺薄無聊，聊的話題很沒意思，那你就不要理他了。**女孩子在青春年華裡保持一點驕傲，我覺得是非常棒的一件事，這才是享受青春的過程。**

好像大家都很關心談戀愛的話題，雖然我個人談戀愛的經驗非常少，但讀了這麼多書，我總結出來一個道理：戀愛的時候一定要保持一定的理性。人在戀愛時會分泌特別多的多巴胺，每天都處於特別興奮的狀態。熱戀中的人，體溫都要比平時高 0.2 度的，基本上達到攝氏 37.2 度。有本法國小說叫《三十七度二》，就是講愛情的。

在熱戀的時候，「這個人對我真好，我要吃飯他就去點外賣，還跑到我的樓下唱情歌」什麼的，未必代表他真的是適合你的人，因為他只是當下被荷爾蒙沖昏了頭腦，願意做各式各樣的事來取悅你。

一個人是否真正值得託付終身，關鍵要看他是不是情緒穩定。不要小看情緒穩定這件事，對你們以後的相處十分重要。還要看他與父母的關係模式，他們的相處模式多半也就是將來他和你的相處模式，因為每個人最開始都是從父母那裡習得人際交往方式的。如果他和父母的關係是平和、親密、坦蕩的，那麼他跟你的交往也會是這樣的。如果他跟他的父母有問題就要吵架，一見面就大喊大叫，那你們以後可能就要吵很多架了。此外，你還可以看看他周圍的朋友都是什麼樣的人，如果覺得不對勁，那你就要小心；如果你覺得他的朋友都讓人感覺很舒服，都滿有意思的，都很健康，那麼這個人多半也不會太差。

前幾天，我在網上看到一個朋友說：「作為一個過來人，我要告訴那些年輕人，最好的建議就是：不要過來。」這太悲觀了。我認為「可以過來」，無論結果怎樣，把這一切都當作美好的體驗就好了，不要患得患失。

不會與異性相處的理科生怎麼找對象？

Q 我是一個純理工科女生，一直單身。我周圍接觸到的大多也是純理工科男生，他們都有一個特點：書包裡背著重量基本上都在五公斤以上的東西，書包左邊放一個水杯，右邊放一把雨傘，走路甚至跟人交流的時候，連抬起眼睛看別人一眼都不會。其實，我單身還有一個很重要的原因，就是我總會在無形中和周圍的男孩子相處成兄弟。我該怎麼辦呢？

有兩本書可以推薦給你，一本書是《如何讓你愛的人愛上你》，另一本書是《親密關係：通往靈魂的橋梁》。前者是教你怎麼談戀愛的，後者是教你怎麼維持婚後生活的。

人和人之間的感情是非常複雜的，跟長相、性格都沒有必然的關係。心理學上有個說法，叫「純粹接觸效應」。什麼是純粹接觸效應？比如你們班有一個人，大一入學的時候你本來看不慣他，覺得他好醜，但是相處到大二、大三時，有可能你就覺得他看起來很順眼了。

這就是「純粹接觸效應」。所以，**人是可以透過不斷地接觸產生感情並昇華感情的，因為人最終要找的是情感方面的陪伴**。兩個人能互相理解，開心地在一起，很重要。《親密關係：通往靈魂的橋梁》這本書是解決「為什麼相愛容易相處難」的。我們在尋找親密關係的過程中，會不自覺地投射太多童年時期所受到的傷害。**如果你在童年時期被父母傷害，這種傷害會一直潛伏在你的潛意識裡，在找對象的時候，它可能就會尋求彌補**。所以在找對象的時候，你會希望對方能夠解決父母曾經給你造成的傷害，你會發現你對另一半的要求就特別高，只要一出現相應的問題，戳到你內心深處的那塊傷疤，你「啪」地就會炸起來。

這也是為什麼兩個人沒談戀愛時，對方身上總有一圈光環，他做什麼你都覺得好棒，但是談了戀愛以後，光環退去，你就覺得他怎麼這麼糟糕。

如果你覺得自己太容易跟男生相處成哥兒們，可以去學點化妝、穿搭類的課程，多參加點社交活動，像「樊登讀書」組織的會員活動之類的，你可以多來參加，多發表意見，見到喜歡的男生可以主動示好。

你聽過那個笑話嗎？女孩問：「當年咱們班那麼多女生，你是怎麼看中我的？」男孩說：「我給所有人都寫了信，只有你回了。」雖然是笑話，但你是不是可以從中得到一點啟發呢？不用太焦慮，你首先要做的是把自己變得更好。當你變得優秀，還愁找不到對象嗎？

想戀愛，可始終邁不出第一步，怎麼辦？

Q 我是個女生，母胎單身二十六年。我很想戀愛，想擁有一個屬於自己的小家庭，可始終邁不出第一步，不知道自己在害怕什麼。我該怎麼辦？

首先你不要自我懷疑，這一點是很重要的，有時候，人沒病會想出病來。這個問題本身沒那麼嚴重，你只是沒遇到合適的男孩而已，不必著急。

我特別喜歡的一位作家，愛爾蘭的蕭伯納說過一句名言：「想結婚的人就去結婚吧，想單身的人就去單身吧，反正最後都會後悔的。」

婚姻雖然很重要，但也不是人生最重要的事。你這個年紀覺得婚姻很重要，這沒有錯，你會為此糾結、難過、痛苦，我也能理解。但是，你要知道生命本身就有它自己的緣分。如果你每天花很大力氣去糾結：我怎麼才能嫁出去？我是不是有病？我是不是不能嫁人？我是不是不喜歡男的？你的自尊水準就會受影響。與其這樣，**不如開開心心過好自己的生活，做好事業，把自己變得更好看，提升修養，然後靜待命運的安排**。

當然，你也可以主動出擊，跟一些人多吃吃飯，給對方創造一些機會。《如何讓你愛的人愛上你》這本書裡說，女孩子出擊的成功率要比男孩子高得多。先談談戀愛，最後再決定要不要結婚。

我相信要不要戀愛這件事沒那麼嚴重，你非要把它看得很嚴重，反而會成為一個心病。開開心心地去學習進步，提升自己，靜待花開！

馬上三十歲了，要接受家裡人安排的相親嗎？

Q 我快三十歲了，畢業後的這幾年，父母每天都在讓我相親。最近這種情況更嚴重了，因為我媽快退休了，她擔心退休以後，以前她送出去的那些紅包錢就收不回來了。其實我也很著急，但又不知道該怎麼去做，也不知道怎麼跟父母溝通。

其實我覺得，在過去那種「先結婚，後戀愛」的方式下，有些婚姻延續得挺長的。所以，父母讓你相親，你先不要那麼排斥。這是你要做的第一點——調整心態。好多人習慣性地排斥父母介紹的對象，根本沒經過思考。還有些人去相親的心態就不對。對於相親對象，你要先放空自己，不要先入為主，不要有那麼多主觀意見，要慢慢相處。

如果你想解決這個問題，你可以努力點，多跟異性交往。我們講過一本書叫《如何讓你愛的人愛上你》，書裡提到一個重要原則：單身男女要重視每一個社交場合。像你這樣需要找對象的人，每天出門最好打扮一下，多跟人聊天，多出去社交。你要把最好的自己呈現出來，讓別人看到你。

如果實在找不著合適的，面對爸媽的催婚，你可以跟他們好好溝通，接納他們焦慮的情緒，對他們的安排表示理解，「謝謝爸媽的安排，我一定會努力配合的」。只要你的姿態是配合的，他們也就沒那麼焦慮了。如果你老是跟他們硬槓、吵架，或者放話說：「我再也不回來了！」只會導致催婚越來越成為你們關注的焦點，引發衝突和矛盾，這樣你不好過，你的父母也不開心。其實，父母的幸福指數還是滿重要的，為了他們的幸福，我們可以適當地做些妥協。

朋友一直單身，我怎麼提醒他降低標準？

Q 我上的是藝術學校，身邊有很多漂亮女孩。我有一個朋友，老是讓我給他介紹對象。我本來是拒絕的，但是有一次喝酒的時候答應他了，然後他沒事就說：你答應我了，就得給我找。我給他介紹了幾個，他都不滿意，挑三揀四的。其實有些女孩也看不上他，但是我不知道怎麼委婉告訴他，讓他把要求放低一點，別把自己看得太高了。

你怎麼知道讓他降低標準是個正確的建議呢？萬一人家最終就是娶了一個特別滿意的對象呢？

從這個問題中，我們其實可以學到很多東西。

第一，別喝酒。

第二，即便喝了酒，也別瞎答應事。你隨便答應了，人家就要不停地找你。

第三，交友要慎重。因為「你喝酒的時候答應我了，所以你必須做到」，就天天纏著你，這種朋友也挺煩的。

其實你可以告訴他，你會幫他留意，有合適的會介紹給他，但是你也有自己的工作和生活，你又不是開婚姻介紹所的。再說婚戀是講究緣分的。你可以鼓勵他去更廣闊的空間找，然後慢慢地不給他介紹了，他也就放手了。難道他還會為這件事去你家遊行示威啊？不至於。

你可以潛移默化地影響他，但千萬別瞎出主意，讓人家降低要求。**沒人有權利要求別人降低要求**。人家寧缺毋濫，哪怕這輩子單身呢，也是沒問題的。

記住：不要給別人瞎出主意，更別瞎答應別人事，認真讀書，認真工作，談好自己的戀愛才是最重要的。

職場女強人如何在愛情中變身軟妹子？

Q 我在北京開了六家美睫美甲店，在其他地方也開了一些連鎖店。我是一個比較強勢的女性創業者，但是想變成軟妹子，有沒有可能？因為我想愛情、事業雙豐收。

我一直不太理解什麼是「軟妹子」。後來了解到，所謂軟妹子，大概就是那種情商高、會說話，不用跟人吵架就能把事情辦了的女孩子。這就反映出問題來了。我們會去追求一些符號化的東西，比如「軟妹子」、「高富帥」、「白富美」等，但這些只是人們想像出來的。

我們習慣於把一個一個標籤疊放在自己身上，而這些標籤最終會成為我們給自己套上的枷鎖。其實，你不需要刻意給自己套上某個枷鎖，你可以傳奇化地去生活。

《有限與無限的遊戲》這本書裡說有一種人過著劇本化的生活。套用你的情況：我是一個創業女老闆，我現在找不著對象，所以我就是一個典型的「優質卻找不著對象的女人」。當你開始給自己編劇本，悲慘感就上來了。實際上，**你完全可以傳奇化地生活，你永遠都不知道明天會發生什麼，愛情會不會突然降臨，你只要好好享受，每天不斷前進就好了。沒有既定的劇本，沒有既定的角色，沒有人給你身上貼標籤，這就是傳奇化的生活**。

不過，傳奇化的生活也有一個方向——我得讓自己變得更幸福。幸福的原因不是我找到了好男人，他對我很好，於是我就很幸福。你變得更幸福，是因為你的內在修養不斷提高，慢慢摸索出你與男性的相處之道。比如，跟男性在一起，他可以不那麼強悍，你也不需要對他大喊大叫，甚至你也可以保護他——來，靠在我的肩膀上吧。

你有沒有想過，你對男性的想像可能來自你和你父親的關係？你潛意識裡可能想找一個跟你父親相似的人，或者說你內心有所缺失，你在追求某種特定的感覺。這都是心理問題。如果這些心理問題嚴重到你自己解決不了，那麼你需要去找一下心理諮商，了解自己對男性的這種心理是怎麼形成的。

我太太就遇到過這樣的問題。我兒子很小的時候，只要一哭，她就會訓斥他：男孩子哭哭啼啼的像什麼樣子？我問她，你為什麼這麼在意他哭？原來這跟她從小所受到的教育是有關的。實際上，你如果能跳出來看，那些東西都是符號化的，人是可以活得豐富多彩、各有特點的。當你跳出來了，你可能就會輕鬆多了。在兩個人的相處中，你就會更多地去關注他和你的互動。你們能不能互相關愛，有沒有共同興趣，對方是不是一個正直的人，這才是最重要的。

相反，如果你特別在意「陽剛之氣」、「責任感」或「體貼」這些標籤的話，就很容易被騙。騙子們為什麼總是會成功？就是因為他知道很多女性就要這些，他只需要戳中她們的一個痛點，她們就會覺得「這個男的真棒」，進而上當受騙。實際上，很多好男人是很無趣的，連玫瑰花都不會買。

最後給你提一招，如果遇到喜歡的，你就去追，女追男的成功率要比男追女高很多，而且你主動去追也比別人主動來追你更安全。

Part
2

戀愛

在你沒學會信任別人之前，不建議太早結婚，
否則可能會釀成更多的悲劇。

雖然有男朋友，但還是很享受別人的追求，有錯嗎？

Q 我有男朋友，但是公司裡還有個非常不錯的男孩子在追我。他知道我有男朋友，但還是堅持要追。我既不想和男朋友分手，也不想拒絕公司那個男孩子的追求。我覺得自己特別「渣」，我該怎麼做呢？

我的情感經歷其實很簡單。我只談了一次戀愛，從大學一直談到結婚。所以你問的這個問題，對我來說是一個極大的考驗。我就大概談談我的看法吧。

首先，我覺得你不要把自己定義成「渣女」。我們不要隨便給別人下這種定義，包括給自己，這會導致你的自尊水準下降，自尊水準下降會讓你做出更多的錯事。比如一個人賭博，他定義自己說：我是個賭徒，我戒不了賭，怎麼辦？我完蛋了，我乾脆剁手指吧！剁手指這樣的事都不能幫他戒賭，因為即便只有一隻手，他也可以賭。

回到你的問題上來，往長遠看，你知道這種三角關係有不健康的一面，最後傷害的可能不只你自己，還包括你的男朋友和那個男孩子。如果你抱著「自己是一個好女孩」的想法，就可以認真做個選擇。反正你現在也沒結婚，不管怎麼選擇，都不算不道德。或許你也可以跟你男朋友聊聊這件事，告訴他：要不你也試著重新追我一下，讓我感受一下我到底喜歡誰。

總之，你不能讓自己一直在他們倆之間搖擺。你要做出改變，盡快做出選擇。而你改變的動力來自你對自我的接納，不要總是那麼自責，你越是接納自己，越容易做出改變。但是，**接納自己不意味著自己做的所有錯事都不去改正，而是「我知道我做錯了，但我還是個好人，所以我能做出正確的選擇」，這才是自我接納的本質**。

我的回答可能對你沒有幫助，但是不管怎樣，不要太過內疚，我覺得內疚是最沒有幫助的。

媽媽嫌棄我的男朋友，逼我分手，我該怎麼辦？

Q 我交了個男朋友，帶他見過我媽之後，我媽覺得他其貌不揚，學歷不高，就想讓我跟他分手。在我們家，什麼事都是我媽說了算的，而且我媽這次把話說得很嚴重，類似「明年的生日就是我的忌日」，我該怎麼辦？

這種情況在生活中非常常見。作為過來人，我上大一時就見過這種事。我的班導師強烈反對她的女兒跟某個人結婚，天天在學校裡吵，吵得很凶。結果呢？她女兒還是跟那個人結婚了。他們結婚後，我的班導師不讓她女兒回家，頭兩年，她女兒就和丈夫在外邊住著，不回家。後來他們生了孩子，抱著孩子一進門，我的班導師就完全沒脾氣了，然後母女就和好了。她們和好後過了三年，她女兒和丈夫卻離婚了。

這個案例給我留下深刻的反思：這個女兒跟那個男孩原本可能並不會結婚，但是因為媽媽強烈反對，他們便覺得非結婚不可。她媽媽就像一個壓力鍋鍋蓋一樣，把這兩個人蓋在壓力鍋裡了，他們只能同舟共濟、同仇敵愾，合起夥來跟她鬥。就衝著「戰勝媽媽」這件事，都值得結個婚。他們生活中最大的矛盾變成了女兒和媽媽的矛盾，男生身上的缺點反而就被遮蔽了。因為媽媽轉移了女孩生活的焦點，本來女孩應該去跟男朋友磨合的，透過磨合看彼此適不適合，最終決定要不要走到一起。在這個過程中，如果媽媽介入了，那麼她生活的重點就不在自己跟男友的關係上，而是轉移到了自己跟媽媽的矛盾上。

我要奉勸天下所有的媽媽，如果你們真的希望女兒幸福，那就不要分散女兒的注意力。如果你跳出來站在舞臺中央，要求全家都圍著你轉，誰讓你不高興，你就跟誰死磕，結果就是你女兒根本沒工夫細看那男的，她在你這兒受了氣，肯定會在那個男孩那裡得到安慰，那個男孩就成了她的精神支柱。最後兩個人結婚，開始過日子。等到結婚後，他們的注意力就轉移到彼此身上，於是「結婚前沒發現有這麼多毛病啊」，生活過得磕磕絆絆。

我希望你媽媽能明白這個道理：女兒的生活，女兒才是主角，她的主戰場在你爸那裡，不該在你這裡。你跟這個男的談了一段時間，你最有資格來判斷他適不適合你，適合就繼續發展，不適合就分手，這是很自然的事。

讓你媽媽不要做那個壓力鍋了，搞得一家人都不高興。大家開開心心地過日子，如果她實在不喜歡這男孩，那他去你們家的時候，她可以避開，也可以冷淡一點，就是不要介入你們的關係。

總是忍不住翻看女朋友的手機，怎麼辦？

Q 我交女朋友的時候很敏感，沒辦法深入地去信任她。敏感到什麼程度呢？只要找不到她，我就懷疑她去跟別人逛街了。如果她跟異性交流時，稍微有些親密或態度過於友好，我就特別敏感。而且我總是忍不住翻看她的手機。這個問題一直很困擾我，我該怎麼辦？

你能提出這個問題，說明你是個很勇敢的人。如果你真的想解決這個問題，我覺得你其實應該去看心理諮商。這並不丟臉，就跟感冒了去看病是一樣的，請醫生給你一些建議。心理諮商會有很多治療方法，比如暴露療法等。我倒是不建議吃藥，主要去進行行為上的矯正，慢慢學會信任別人。**在你沒學會信任別人之前，不建議太早結婚，否則可能會釀成更多的悲劇**。

除了看心理諮商，讀一些書對你也會有幫助。有一本書叫《少有人走的路》，那本書講明白了什麼是愛。有非常多的人是把愛和占有混為一談的，實際上，愛是讓對方跟你一起成長。這本書界定了什麼是愛，什麼是成熟。讀完它以後，你可以再輔助讀一些經典，比如說《論語》、《道德經》，它們可能會讓你看得開一點，放下那些不應該執著的東西。別人的手機是禁區，你怎麼能翻呢？戀人鬧到偷翻手機的地步，差不多就該分手了吧？人要給自己立一些不能去觸碰的紅線，核心還是要學會愛自己，其實你是不愛自己才這樣。

曾國藩就是覺得自己不行，從鄉下到了城裡後非常不適應，於是開始寫日記，不斷地寫日記，覺知自己，改變自己。其實記錄是可以幫你覺知的，在覺知的過程中找到自身的優點，肯定自己，愛自己。

當你的價值感提高了，你才不會覺得女朋友跟別人逛街對你有什麼傷害。咱們先不論她是不是真的跟別人去逛街了，就算是真的，對你的人格也沒有太大的傷害，因為你還是你。就算她跟別人好了，也沒問題，你也還是你。

就像現在有很多人給我留言，其中有人說好話，也有人說壞話。說好話，我沒覺得我好，我還是我；說壞話，我也沒覺得我壞，我還是我。我有幾斤幾兩，我自己知道，自知才能帶來自尊。你現在是把關注點放在了你女朋友的手機上，而沒有好好審視自己，去發現自己的價值。你可以找心理治療，也可以自我調節。總之，找到自身的價值才是你改變的起點。

女朋友要求婚房只寫她的名字，我有點猶豫，怎麼辦？

Q 我跟女朋友是從大一開始談戀愛的，已經戀愛四年了。最近看身邊很多朋友都結婚了，我們也在考慮結婚的事。結婚肯定就要買房，但是談到買房，我們就僵持住了。他們家說婚房要寫她的名字，但我有點猶豫，所以就想問問您，對於這種情況，我該怎麼辦？

我覺得這件事你們可以敞開了討論，但是討論要有方法，不要動不動就上綱上線，上升到說「你瞧不起我們家人，你就是瞧不起我」這個層面，而是要用關鍵對話的方法，用互相尊重的非暴力溝通的方法，把這個問題討論清楚。因為你們的目標是希望將來的婚姻生活能夠持久，能夠幸福愉快，不要埋下隱患。

我覺得兩個人能不能在一起長期生活，涉及價值觀的問題。**兩個人的價值觀慢慢**

地協同，互相認可，覺得對方處理問題的方式、方法，自己都願意接受，兩人的生活才能和諧。

不過，價值觀的磨合在平淡的生活中是看不出來的，兩個人整天一起上自習、一起考研究所，是難以讓雙方認清彼此的價值觀的。現在你們面臨著這些關涉財務的大事，剛好可以挑戰一下，看看大家遇到困難和問題的時候，選擇什麼樣的解決方法。孔子說，「視其所以，觀其所由，察其所安」。看一個人，要看他用什麼樣的方法去做事，目的是什麼，慢慢去了解雙方的價值觀，才知道能不能長期在一起生活。你們倆的價值觀是不是能讓你們協同一致地往前走，這才是判斷結婚與否的一個方法。

最後，我覺得你的問題的關鍵，其實還要看你到底愛不愛你女朋友，以及她有多愛你。

總結時刻 /

- 女孩子在青春年華裡保持一點驕傲，我覺得是非常棒的一件事，這才是享受青春的過程。
- 每個人最開始都是從父母那裡習得人際交往方式的。
- 人是可以透過不斷地接觸產生感情並昇華感情的，因為人最終要找的是情感方面的陪伴。
- 如果你在童年時期被父母傷害，這種傷害會一直潛伏在你的潛意識裡，在找對象的時候，它可能就會尋求彌補。
- 接納自己不意味著自己做的所有錯事都不去改正，而是「我知道我做錯了，但我還是個好人，所以我能做出正確的選擇」，這才是自我接納的本質。
- 我要奉勸天下所有的媽媽，如果你們真的希望女兒幸福，那就不要分散女兒的注意力。

〈情感解惑〉推薦書單

《三十七度二》，菲力浦．迪昂，上海譯文出版社。

《如何讓你愛的人愛上你》繁體版為《跟任何人都可以聊得來3：學會愛的語言、追愛得愛，人見人愛就是你。》，萊拉．朗德絲，李茲文化。

《親密關係：通往靈魂的橋梁》繁體版為《謝謝你，我愛你　親密關係：通往靈魂之橋》，克里斯多福．孟，柏樂出版有限公司。

《他人的力量》繁體版為《他人的力量：如何尋求受益一生的人際關係》，亨利．克勞德，經濟新潮社。

《少有人走的路》繁體版為《心靈地圖Ⅰ（新版）：追求愛和成長之路》，史考特・派克，天下文化。

第 5 章

社交破局

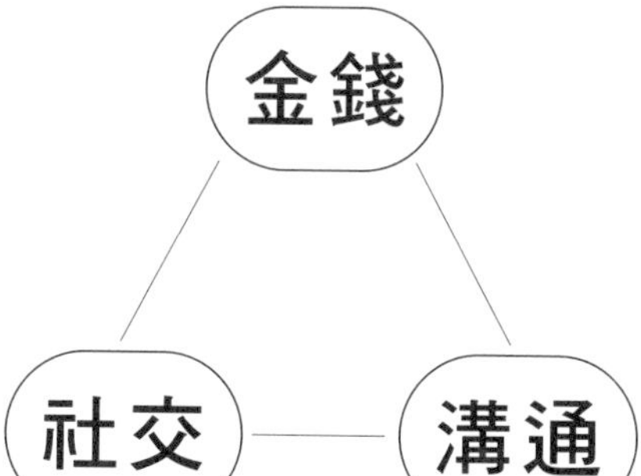

Part 1

金錢

人沒有必要因為要善良就毫無原則，
誰找你借錢你都要給。

不熟的人結婚邀請我去，要不要包紅包？

Q 我是一個剛畢業的學生，身邊很多同學、朋友陸續結婚，邀請我去參加婚禮，我就要包紅包，每次包的至少也要五百元，但是其中有些人我們其實並不熟。遇到這種情況，該怎麼辦，要不要包？

其實這個問題，熬過三十五歲就好了。像你剛開始工作，還沒什麼存款，每次參加婚禮都要包五百元紅包，壓力確實太大了。怪不得人們把包禮金稱為「紅包炸彈」。

想起很久以前，我有一次包禮金就特別逗。我的一位師兄結婚，我給他包了五百塊錢的紅包。給他的時候，我說：「這五百塊裡，其中有兩百塊是紅包錢，另外還有三百塊錢是我還你的錢。」這樣我把兩份錢放在一起，既把紅包給了，也把欠的債還了，而且五百塊給過去也顯得很有面子。

或者，你還可以像父母長輩那樣，每次包的紅包都記下來。你包了多少紅包，將來你結婚、生孩子時，也通知他們，把你送出去的紅包再一個一個收回來。

如果你真的不喜歡、不關心這個要結婚的人，你也可以不去參加婚禮，或者給一個小小的紅包，不署名不就好了嘛！不知道你有沒有看過別人婚禮上收到的不署名的紅包，大概就是這種情況。

總之，把人生當成一幕喜劇，不要讓這種「紅包炸彈」成為你的心理負擔就好。

不熟的朋友找我借錢，借還是不借？

Q 我相信我們每個人的微信裡都加了很多人，有些人經常聯絡，有些人不怎麼聯絡。如果你有困難，肯定會找那些經常聯絡的人幫忙，而不是找那些不常聯絡的人。現在，我有一個基本上不怎麼聯絡的朋友，說他信用卡欠了四千塊錢，問我借錢。我心裡特別矛盾，不知道應不應該借給他。我問過身邊的人，他們都建議不借。

我也遇到過很久不聯絡的初中同學向我借錢的事情，而且一借就是幾百萬，我就沒借。借錢這件事，如果細說起來，是一個專門的話題，我打算之後找一本關於借錢的書，給大家仔細講講。

借錢的心理學是非常有趣的。如果你是借錢人，借之前「雷」在你這兒，是張口跟對方借還是不張口，你會很糾結。但是，一旦你張口去借，「雷」就被轉移到被借錢的人那兒了，他就開始想，「給還是不給」，這份壓力就從你這兒轉移到被借錢的人那兒了。我也經歷過很多借錢、還錢這樣的事，根據我的人生經驗，不借錢並不太影響人與人之間的感情。

你不用太去考慮對方是否真的需要這筆錢。每個人都要為自己做的事去承擔責任。就像你那個不熟的朋友，他信用卡欠了四千塊錢，他有沒有想過，他為什麼要花這麼多錢？他欠錢的原因是什麼？誰是他的經濟來源？最應該對他負責的那個人是誰？你借給他四千塊，有沒有可能是幫他掩蓋這個錯誤，導致他以後再去借八千，甚至可能給他家裡人整出一個更大的窟窿？真是這樣，到時候他家裡人還會怪你，幫著他把貸款額度從四千跳到了八千。「塞翁失馬，焉知非福」。到底哪個是對，哪個是錯，這可都不一定。

人沒有必要因為要善良就毫無原則，誰找你借錢你都要給。在成人世界裡，熟人借錢也都未必敢給，不借給別人錢，並不算不道德。

如何委婉地讓對方還錢？

Q

我現在在創業，有些朋友和親戚動不動就找我借錢。其中一些是經常聯絡的，不借就好像虧欠了他們。但是借出去的那些錢，我又不知道該怎麼委婉地要回來，您有什麼好辦法嗎？

你這個問題，其實是一個千古難題。自古以來，「借錢」就是個大難題。前兩天我看了一本大部頭，名字就叫《借錢：利息、債務和資本的關係》，講的是自古以來關於借錢的文化。你要是能把那本書讀完，估計身上更多的錢也都會被別人借走了。

關於借錢給別人，就我自己而言，可以分為三種情況。第一種情況，借出去的錢沒有要回來。別人找我借錢，借完了天天拉我出去玩，從來不提還錢的事，我估計他是忘了，所以我就選擇不要了。我選擇不要，是因為我覺得人比錢重要，內心會很坦然。第二種情況，我借了錢給別人，他不主動還給我，那我就主動跟他要，這種做法其實沒問題。第三種情況，不借。有些人找我借錢，我不想借，我就告訴他我從來不借錢給別人，直接拒絕，這也沒問題。在借不借錢給別人這件事上，我心態很健康。你要知道，借不借錢給別人，被指摘的那個人都不是你，背負道德壓力的人當然也不應該是你。借還是不借，要人家還還是不要人家還，都是你自己的事，無論你選擇怎麼做，其實都沒有問題。

回過頭來看你的問題。你選擇不借吧，怕別人說你是個壞人；借呢，你又擔心錢要不回來；能要回錢來吧，你又不好意思張口。其實你可以活得灑脫一點，想怎麼做就去做，因為這都是你的權利，不該有道德上的負疚感。所以，你的根本問題是把別人的評價看得太重。

一個人如果把別人的評價看得太重，做什麼事都會糾結，做什麼事感覺都不對。借錢只是一個小小的考驗，人生中讓你糾結的東西多著呢！想開點吧。

Part
2

社交

別人是不是認可你，關鍵在於你的信譽度。
當你把信譽度建立起來了，你的影響力大了，
大家自然會選擇跟隨你。

周圍的朋友身上全是負能量，我該怎麼辦？

Q 我身邊有那麼幾個朋友，幾乎渾身充滿了負能量，每天都有好多抱怨。我是兩個孩子的媽媽，每天努力早起去跑步，她們會說我「你神經病啊」、「這有什麼用啊」，諸如此類，我的心情還是挺受她們影響的。對於這種情況，我應該怎麼辦？

我們每個人身邊可能都會有一些充滿負能量的朋友，不管你說什麼做什麼，他們都否定你。可能本來大家就有這麼一種「共識」，覺得比較熟的人在一起就可以隨意地互相貶低，這也是朋友間顯得特別親密的方式。對於如何處理這樣的事，有很多方法可以幫助我們。

首先，我推薦你讀《論語》。孔子說「無友不如己者」，這句話在歷史上有特別多的理解，有的人從字面上解讀這句話，「無友不如己者」，就是不要跟不如自己的人交朋友，要努力去找那些比自己更好、能夠讓自己進步的人做朋友。另外一些人就反對說，如果每個人都「無友不如己者」，那個更好的人又憑什麼跟你交朋友呢？於是又有人說，這兩種理解都錯了，孔子說的「無友不如己者」，是說你的朋友一定有他的優點，值得你去學習。

我覺得這幾種解釋你都可以接受，關係不大。關鍵是你怎麼看待友誼這件事。如果你覺得朋友身上有各種各樣的缺點，那你能不能努力去發現他身上的優點，去找到他身上值得你學習的那部分，否則你為什麼總跟他在一起呢？你跟他交朋友，一定是因為他會給你一些不一樣的支撐，你多去關注他身上那些好的部分，把負面的、不好的那部分進行戲劇化處理。

所謂戲劇化處理，就是在腦海中把朋友的負面部分想像成一個卡通人物來對待，這是一種非常有趣也特別有效的方式。比如，下次你的朋友又開始散布負能量的時候，你就把朋友說的話想像成唐老鴨的聲音「呱呱呱」，你可以告訴自己「唐老鴨時間又到了」。你只要這麼一想，這件事對你心情的影響就消解了。這是心理學上一個特別有意思的方法，叫「解離」。如果你能用這種手法來解離，那你朋友所說的大量負面詞彙，在你這兒就都變成了有趣的符號，不會對你產生太大的影響。

「無友不如己者」，我們可以更換朋友圈，去尋找更能聊到一起的人。同時，我們也可以從另一個角度去理解朋友，去發現朋友身上比我們強的地方，向他們學習。這時候，你會發現你的正能量才能真正地發揮出來。

總被老師和同學誤解，我該怎麼辦？

Q 在學校裡我總是被同學誤解，也總是被老師批評。比如有的事不是我幹的，別人偏說是我幹的，我也解釋不清，只能被批評。有什麼辦法可以避免這種情況嗎？

在成長的過程中，你也會誤解自己的媽媽或爸爸。由此我們可以知道，在人生中，被人誤解是在所難免的。你的問題在於，為什麼他們誤解你會讓你這麼生氣。這是一個需要你去解決的問題。

我做「樊登讀書」，網上也有很多人罵我，說我是文化販子等一大堆難聽話。如果我像你一樣，覺得委屈、痛苦、難受，非得跟他們幹架不可，那我的人生就變成天天幹架了。其實說那些話的人未必都是壞人，說不定他們還覺得自己特別正義。但是，他們誤解了我。那我還做不做「樊登讀書」這件對我來說特別重要的事呢？我肯定是要的。

所以，如果你想從我這裡得到一個可以讓你避免被誤解的建議，那你一定會失望的，因為誤解永遠都存在，即便你到了八十歲，也會有人誤解你。那我們要學習的是什麼？就是在被別人誤解時，我能不能笑笑說：搞錯了，不是我。但是，如果你一定要懲罰我，那就來吧，我替他受罰，今天算我倒楣好了。這就叫「一點浩然氣，千里快哉風」。

每個人都會有委屈，但我不會因為委屈而去傷害自己或別人。所以，以後被人誤解了，你要學會笑一笑，告訴自己：又被誤解了，記下來人生被誤解的第兩百一十四回，攢成素材將來寫小說用。把它攢下來，它就是財富。

那麼，從技術層面上來說，是不是可以減少被別人誤解的機率？

可以，辦法就是多跟別人溝通。我寫過一本書，叫《可複製的領導力》，裡面講到了「溝通視窗」這個概念。我們每個人都生活在四個象限裡——自己知道、別人也知道的，叫公開象限；自己知道、別人不知道的，叫隱私象限；自己不知道、別人知道的，叫盲點象限；自己和別人都不知道的，叫潛能象限。**一個人的發展歷程，就是不斷減少隱私象限、盲點象限，擴大公開象限的過程**。

當你的公開象限特別大的時候，大家都了解你、都知道你的時候，誤解就變少了。所以，我們要想辦法跟別人多溝通，多交朋友。最有效的方式是多給別人做二級回饋。

所謂二級回饋，就是多去表揚別人，並且說出具體的理由。大多數小孩子喜歡挑毛病，看這個不對，看那個也不對，這是因為小孩子是最容易被挑毛病的，於是他們也就很快學會了挑別人毛病。像你這麼大的小孩，如果能學會二級回饋，會顯得特別珍貴。比如，上課時你可以說：老師，今天你這段講得真好。雖然他可能別的都沒講明白，就這點講清楚了。你學會了肯定老師、肯定同學、肯定那些你不太喜歡的孩子，大家就會越來越喜歡你。

我也是從你這個年紀過來的，小時候被人誤解了，會感覺特別難受，都想拿頭撞牆。心裡還憋了一股勁：氣死我了，你們都不理解我！但我那時候沒有這種提問的機會，也沒有人能給我做這樣的解答，直到二十多歲看了《論語》，我才慢慢明白遇到事情應該怎麼辦。如果你現在有機會和時間，可以讀讀《論語》，早點明白道理，這樣你就跟別的同學不一樣了。

性格太直經常得罪人，怎麼辦？

Q 我有一個問題，是關於情緒的。我是做形象管理的，從我的專業來說，我屬於直線型的人，語言表達、情緒傳達都是比較直接的。由於經常因為這點得罪人，所以很早以前我就意識到這是個問題，也做了一定的改善，還專門去學了瑜伽和冥想，但我覺得這些並沒有從根本上解決問題，因為我感覺心裡還是很憋屈。所以就想請教一下您，我應該怎麼辦？

如果形象管理還管人格，那這個可能是偽科學。偽科學有一個特徵，就是不可證偽。什麼叫不可證偽？比如，我是牡羊座，別人會說「樊老師，你竟然是牡羊座，不像啊」。「不像」本應該說明這個理論有問題，但他絕對不會懷疑星座有問題，他會說「八成是你讀書讀多了，性格變了」。你看，你給自己貼了這個標籤，認定自己是直線型的，對你造成了多麼糟糕的影響。這個標籤已經造成了你的心理負擔。所以首先你應該破除的是，相信自己是直線型人格。你只是性格有點直率而已。

為什麼我跟你強調這件事呢？孔夫子講的那句話對你很合適，「君子不器」。什麼是「君子不器」？就是你不要把自己定義成一個固定的東西，你是一個靈活變化的人。你現在的心情和表現，跟你獲得了多少學識，掌握了多少工具，清不清楚自己的心理狀況，都有著非常複雜的關係。所以我希望你首先做到不給自己貼標籤，不說「我就是這樣的人」，之後遇到問題就解決問題，想學東西就好好去學東西。就算你說話比較直，會得罪一些人，只要不令他人和自己痛苦，那都是在合理範疇內的，沒必要什麼事都做到完美。不要盯著自己的缺點，你應該多去看看自己的優點，發揮自己的優點。

為什麼我分享的好東西沒人認同？

Q 我發現，每次我跟身邊的朋友或是同事分享我發現的好東西，他們都很難認同或接受。我會想，我發現了好東西，分享給你，相信我，你去用就好了，為什麼還要讓我去說服你呢？

我從個人角度跟你分享一下我的感受。我從來不需要去說服任何人。就像現在，我戴著一只手錶在這裡講課，之後就會有人問：樊老師，你戴的什麼手錶？我也想買一只。我跑步，也有人問：你的教練是誰？我也想跟他學。所以，**別人是不是認可你，關鍵在於你的信譽度。當你把信譽度建立起來了，你的影響力大了，大家自然會選擇跟隨你。**所以，你沒有必要花那麼多時間去影響誰、說服誰，只要讓自己的生活變得更好就好了。

我們剛開始推廣「樊登讀書」APP的時候，有個代理商在山西做推廣，都是找熟人，找他的同學、朋友，說：「我給你推薦一個東西，樊登讀書，三百塊錢一年，能聽五十本書，特別好，你試試吧。」熟人說：「我給你三百塊錢，咱們打麻將去，你別跟我說這個，懶得聽。」你不是想掙錢嘛，那就給你三百塊錢。我們這個代理商就感覺很難受，我就跟他說：「你不用跟熟人聊，事業發展初期對你幫助最大的是弱關係，不是強關係。你跟陌生人推薦的成功率更高一點，他會認真聽你說，聽完試用以後就有可能買。你向身邊人推薦，他反而會跟你抬槓、開玩笑，你要耗費很多精神，這是因為朋友間的氛圍不適合做生意。」

孔夫子說過一句話，「唯女子與小人為難養也」，得罪了很多女子，不過你要聽一下後半句，「近之則不遜，遠之則怨」。過去的女子很少有機會受教育，因此可能會有一個壞毛病，就是「近之則不遜」——關係太近了，就不把你當回事，老跟你開玩笑，以諷刺、挖苦、打擊你為樂；「遠之則怨」——離得遠了就抱怨你，「你不把我當回事，咱們的關係這麼疏遠」。「小人之交甘若醴」，「醴」就是甜酒，小人之間的關係像甜酒一樣，看起來很甜美，但是時間久了就會變質；「君子之交淡若水」，君子之間的關係平淡如水，卻細水長流。所以孔夫子說交往要「久而敬之」。什麼叫「久而敬之」？咱倆特別熟了，我也不會故意刁難你，會更加尊重你，更加尊重你的建議，這是朋友圈的一種優化。《論語》是我們中國人都應該去學習的，所以，你可以讓身邊的朋友多聽聽《論語》，一起慢慢地改變。

另外，你不要為這件事煩惱。還是孔夫子說的那句話，「人不知而不慍，不亦君子乎」，逐漸建立自己的信譽，等你的信譽起來了，你自然就會變成意見領袖。

比朋友發展得好而被疏遠，怎麼辦？

Q 原來我有兩個特別好的小夥伴，現在我們變得有點疏遠了。之前我是我們中比較活躍的那一個，都是我攢局叫大家一起出來玩。我們三人結伴考研究所，但是她們兩個人，一個沒考上，另一個考得沒我好。當我再叫她們出來玩時，她們都不出來了，我感覺很失落。我是特別看重朋友的，對於這種情況，我不知道該往哪方面使勁去改善，也怕用力過猛，讓她們覺得我看不起她們。我該怎麼辦呢？

朋友之間，差距拉得足夠大，反而能相處好，最怕的是就差一點點。人家考了個二本[5]，你考了個一本；人家沒考上，你剛剛過線考上了二本，還特別高興。這樣就很麻煩。所以，你必須拉開跟她們的差距，差距拉得更大以後，她們就接納你了，那時候再攢局一起吃飯就又沒問題了。

總之，**在人際關係方面，不用攀附，因為能不能交往，有沒有緣分長期走下去，不是個人努力的結果**。

你的善意被朋友拒絕了，如果你感到非常難過，且不能自我消化，有一本書可以推薦給你，叫《情緒急救》，裡面專門有一章告訴我們，在面對拒絕的時候，我們應該怎麼做。我們最大的問題其實是，被人拒絕後帶來的自卑感，導致我們的自尊水準下降，這時候我們可以嘗試去列舉一些並沒有做錯的事來寬慰自己。

還有一種排解方式是解離。你把自己的人生想像成有個攝影機在拍攝你們三個女孩的故事，你們考完試以後，你的兩個小夥伴不理你了，她們倆在背後說你的壞話……一切都沒關係，你不是故事中的你，而是那個攝影機。透過那個攝影機去看你們三個人的關係，遠遠地看，只需要一、兩分鐘，你的心情就會好轉起來。如果你能

5 一本、二本指的是高考招生的時候，依錄取順序不同而區分的大學等級。一本是第一梯次錄取學生的大學，大多數是全國的重點大學；二本是第二梯次錄取學生，較是實力偏弱的大學。

把自己的人生當作一齣戲去看，痛苦就會大幅度減少，但是現在你被裹在故事裡做主角，痛苦就會被刻意放大。

實際上，你想想看，人生幾十年，誰還沒丟過幾個朋友？這是一定會發生的。有的人跟得上，你們就一直是朋友；有的人跟不上，你們可能就會漸行漸遠。最後能夠成為終身的朋友，其實也要講緣分，沒有誰對誰錯。說不定你未來還沒有人家發展得好，不過那也不要緊，抱著平常心看待。知道自己是好人，知道自己還愛她們，就行了。所以，用一下解離的方法，學會從旁觀者的角度看自己的人生，你就不會刻意放大自己的痛苦了。

別人總關心我的身材，該怎麼回應？

Q 我身高一百七十二，體重五十公斤。我的困惑是，不管是老朋友還是新朋友，見到我之後幾乎都很關心我的身材。老朋友會說：你怎麼又瘦了，沒事吧？新朋友會說：你太瘦啦！我都不知道該怎麼回答他們。

對你來說，最好的做法就是把他們的這種詢問視作一種愛的表達。

朋友見到了你，總不可能說「今天天氣不錯」吧。說「天氣不錯」和問你「怎麼又瘦了」，表達的意思是不一樣的，前者只是寒暄，後者表達的是對你的關切。看到你瘦，他就替你擔心，說明他關心你，說明他希望你健康，希望你沒問題。當你把這種詢問當作他們對你表達關心、表達愛的一種方式，你的內心就會平和、淡定、感恩，而不是一直不斷去強調自己不喜歡被人這麼問。

你知道你這個問題的核心在哪兒嗎？在於你為什麼會被這個問題搞得心情糟糕。解決了這個核心問題，即使再多一百個人來問你這個問題，都沒關係。你應該修練的方向是，把這個東西變成獨屬於你的一個哏。

古典老師寫的《躍遷：成為高手的技術》裡說了一個故事：有個女孩牙縫特別大，她整天為此自卑，跟誰說話都用手捂著嘴，不想被人看到她的大牙縫。她也不敢談戀愛，痛苦得不行，都快憂鬱了，後來不得不去心理治療。諮商說：反正你都已經痛苦成這樣了，那不妨更痛苦一點。怎麼更痛苦一點呢？心理諮商建議她用牙縫去噴水。如果見到她喜歡的男生，就含一口水，從大牙縫裡噴過去。後來真的用這種噴水的方法獲得了她喜歡的男生的關注，兩個人開始談戀愛，最後結婚了。她的同事們都覺得她從牙縫裡噴水特好玩，她就表演給大家看，逗大家。

當你看輕這件事情，這事就過去了。你長得瘦，跟牙縫大比起來，算是很美好的一個缺點吧？你也可以拿它開玩笑，來回應朋友們的提問。為什麼他們非得問？非得問，那是人家的權利，路上過來一個不認識的大媽都有可能拉著你說「閨女，你太瘦了」。試著接受它，這就是「我」獲得愛的機會，獲得愛的方式。這才是我們從這個問題中挖掘出來的對你有利的一面。

下次再被問到這個問題，你就回答他們：「謝謝。謝謝你的關心，我就這麼瘦，每次颳風，我都不敢出門。」這不就行了嗎？或者說：「我媽最發愁，說老覺得她虐待了我，其實我吃得特別多，就是胖不了。我去檢查過甲狀腺，完全正常。你說冤不冤？」用這個當作聊天的開場白，效果其實也不錯，跟用牙縫噴水有異曲同工之妙。

性格內向的人如何在群體中提高存在感？

Q 我性格比較內向，在群體中說話或者交友時得不到重視，感覺自己被邊緣化，久而久之，我感覺自己都不會說話了。我就像個透明人，這個圈子進不去，那個圈子也融入不了，存在感很弱。我想問，這種情況該怎麼辦？

多努力去替別人考慮，替整個社團考慮，一個不在乎面子、努力去做事的人，慢慢就會釋放出力量。比如德蕾莎修女，她其實是不太會講話的，後來卻影響了整個世界。她的辦法就是，能做一件好事就做一件好事，能多做一點就多做一點。這樣下來，她的力量慢慢就變得很大很大。

我們和圈子之間隔著的那個東西叫「自我」，自我的壁壘越堅固，就越希望別人都能將就你、看到你、捧著你。越是這樣，你就越難找到合適的圈子，因為沒有哪個圈子是專門為你而造的。如果你能放下自我，就會很容易融入各種各樣的圈子，只要你覺得你做的事情是有意義、有價值的就行。

透過你的問題，也能看出你有一點自卑。其實每個人或多或少都會有一些自卑感，如果完全沒有自卑感，或許也就沒有進步的動力，**自卑感在某種程度上是能成為人們前進的動力的**。如何彌補自卑感？人和人的做法是不同的。有的人是：你們都瞧不起我，好，我就要證明給你們看，我將來一定會是最有錢的！這其實有點糟糕，這個人這輩子只想掙錢，只會掙錢，活得卻越來越痛苦，因為他總想透過掙錢來證明自己很強，實際上這個世界上總有人比他更有錢。有的人會說：你們都欺負我，好，等我將來厲害了，我再來欺負你們。這種彌補自卑的方法其實都是不可取的，它會讓你的人生跑偏。

彌補自卑感的正確做法應該是把自己的價值和社會的價值融為一體。當它們融為一體時，彌補自卑感的過程才是健康的、向上的，你所做的事為這個社會做出了貢獻。當你為他人帶來了好處，為社團帶來了好處，為學校帶來了好處，很快你就能融入他們，占據一席之地。所以，如果你想提高自己的存在感，你就要把自己和他們綁在一起，為大家貢獻，這才是有效的方法。

你可以去看一下《鈍感力》這本書。人生最難得的是鈍感力，就是別那麼敏感，不要太在意別人怎麼說你。「做這件事面子上是不是掛得住」不重要，重要的是你有沒有做出貢獻。

在交往中被欺負了，我應該怎麼辦？

Q 我以前讀書時，有過被校園霸凌的經歷。我發現，那些比較好說話的人，或者說比較老實的人，經常會受到欺負，而那些欺負別人的人，反而有很多朋友。老實人被欺負，而欺負人的卻得到更多，這是為什麼呢？

中國人經常講一句話，很有道理，叫「惡人自有惡人磨」。你去逛一下上海城隍廟，能看到一副對聯，對我們這些小時候特別乖的人來說，特別有療癒功能。這副對聯是「人惡人怕天不怕，人善人欺天不欺」，橫批是「你又來了」。

我小時候，我們學校也有一個小霸王，打架很厲害，很多人都崇拜他。長大後有一天，我看到他在我們社區裡收物業費。我們倆四目相對時，他草草打了個招呼就趕緊走了，因為我是業主，而他是來收物業費的。所以，時間久了你會發現，沒有人能靠霸凌別人得到更多。

對於被霸凌者，可以換個思路，把這段經歷當成自己進步的契機。在被欺負的時候，不斷磨練自己的心理承受力，讓自己的心理變得更強大——我就是打不死的小強、倔強成長的「杉菜」！同時，透過各種積極的方法讓自己的外在也變得強大起來，改變被霸凌的局面。

當你能夠做到時，你也就慢慢成長、真正強大起來了。

對於遭受過霸凌的人，可以去讀一讀《身體從未忘記：心理創傷療癒中的大腦、心智和身體》，它是專門幫助那些受傷的人療癒心靈創傷的。

朋友之間，差距拉得足夠大，
反而能相處好，最怕的是就差一點點。

Part 3

溝通

所有的建議背後其實都是指責，
指責就會帶來「不被愛」的感覺。

我一看購物直播就瘋狂買東西，該如何控制自己？

Q 我最近有一個比較大的困擾，就是一進購物直播間就停不下來，瘋狂地買買買。從瓜子、紙巾到護膚品，我買了好多，客廳都被堆滿了。我該如何控制自己？

如果你買買買之後不感到痛苦就沒事，不要過度自責。如果你買買買之後，你的正常生活受到了很大的影響，那你可能真的需要控制一下。

對你來說，如果想改掉這個習慣，最有效的方法就是不看購物直播。但是立馬戒斷似乎也是不現實的，因此我建議你試著用理智的眼光去看購物直播。

消費者都有一種心理：不願意吃虧——這個便宜抓不住怎麼辦？太虧了！所以很多人在看直播購物時，一看到好東西、各種優惠，就忍不住瘋狂下單，生怕錯過、吃虧。但其實，這些購買行為都是不理智的。因此，我建議你在看購物直播時，不妨在心裡默念「有用的東西很少」、「好東西什麼時候買都一樣，哪怕貴一點也不吃虧」，抑制自己的購買欲。

為什麼我會有這個經驗？因為我勸我老婆購物的時候就經常這樣說。當你把這些話印刻在大腦裡，你就會發現，其實好東西什麼時候都有，什麼東西什麼時候需要什麼時候買，才是最優惠的。

此外，在看購物直播時，你可不可以分散下注意力，不要老是關注那些商品，可以試著關注直播過程以及主播們的直播方法，琢磨琢磨直播這種模式等。如果你能把其中的方法門道摸透，然後自己做直播賣點東西，是不是一件很好的事呢？我們試過在「雙11」的時候找幾個員工早上起來直播講書，同時推出我們的會員卡，一上午就賣出去一千張會員卡。這確實也是一個滿有意思的趨勢。

總喜歡反對別人，應該怎麼改正？

Q 我在接收到別人的觀點或一些要求時，經常會直接拒絕或否認，但有時候我心裡其實還是認同那些觀點、樂意答應別人的要求的。比如在企業經營中，很多夥伴會提一些建議，我的直覺反應就是「這事不行」，然後找出好多漏洞，提出好多問題，說「這件事不能執行」，但是回去想想這事好像也可以試一試，又去推動執行。因此我常常在心理上覺得好尷尬，也因此有時跟別人的關係也搞得很尷尬。我這種遇事就負面的習慣，應該怎麼改正呢？

你的這種思維方式，其實就是我們說的「六頂思考帽」裡的黑色思考帽。《六頂思考帽》是愛德華・德・博諾寫的一本書，他還寫過一本《平行思維》，這兩本書都值得我們看一下。他說，我們看待一個問題有六個角度：戴上藍色思考帽時，要考慮各種思考帽的使用順序，規劃和管理整個思考過程，並負責最終得出結論；戴上白色思考帽時，要關注的是客觀事實和各種資料；戴上紅色思考帽時，要考慮感覺、感受；戴上黃色思考帽時，要從積極方面考慮問題，樂觀，滿懷信心；戴上黑色思考帽時，要用合乎邏輯的批判來表達負面看法，發現問題；最後，還有一頂綠色思考帽，戴上綠色思考帽時，不需要考慮邏輯性，充滿創造力和想像力去做出各種假設，提出有創造性的解決方案。

這幾頂帽子哪一頂最有價值？哪一頂都有價值。但是，如果片面放大單頂帽子的價值，比如說「我這個人只戴黑色思考帽，別的我都不聽」，那就會有問題。這六頂不同的思考帽子，或者說這六種不同的思維方式，應該綜合起來，才能減少決策的失誤。所以，要學會的是先戴一下黑色思考帽，講講自己的顧慮，講完以後，再戴其他帽子，紅的、黃的、綠的、藍的、白的，都試試看，從不同的角度來全面地考慮事情。如果是群體討論，可以組織大家都戴一下這些帽子。

而且，一定要讓提反對意見的人戴一下黃色思考帽，發現計畫裡的優點；一定要讓非常樂觀的人戴一下黑色思考帽，找出計畫裡的漏洞。這樣一來，大家可以在很短的時間裡統一意見，得到一個相對安全合理的結論。

一個公司如果沒有戴黑色思考帽的人，那就完了。你要看到你的這種思維方式的優勢，把這個優勢發揚光大，然後不斷學習調整。

為什麼總是聽不進去別人的意見？

Q 我的問題是，不管是愛我的人，還是其他人，當他們對我提出善意的提醒時，我都會很崩潰，還會很抗拒，會有一種叛逆心理：我偏不這樣，你不要對我指指點點。我不知道怎麼破這個局。

首先你得知道你並不孤獨。在這點上，其實所有人都是一樣的，包括我。如果有人過來跟我說，「樊老師，你應該怎麼怎麼樣」、「樊老師，你為什麼不怎麼怎麼樣」，我就會想，你憑什麼來說我？有本事你來做，好不好？我內心也會有這樣的掙扎和痛苦。

這個問題的核心可能是因為，我們童年受過很多這方面的創傷，沒有得到療癒，一直留存在我們的潛意識中。可能童年時別人沒跟你好好說話，還經常指責你。**所有**

的建議背後其實都是指責，指責就會帶來「不被愛」的感覺。你怕失去這份愛，會開始自我保護，讓你抗拒被建議。

越親近的人給我們提建議，我們越不耐煩，因為我們會想：「你是不是不愛我？你不愛我，我就要反擊你。」這就是通常的狀況。

這個問題該怎麼解決呢？

其實，人一輩子就是在做這件事。《論語》裡有句話，「夫子欲寡其過而未能也」，意思是「夫子在想怎麼減少自己的過錯，卻做不到」。這不是很容易做到的。對我們來說，能做的事就是多讀一些心理學方面的書。我推薦你讀一本非常好的書，《身體從未忘記：心理創傷療癒中的大腦、心智和身體》，它把「記憶是怎麼形成的，又是怎麼在潛意識中影響我們的」講得很清楚。

海靈格的《誰在我家》，我覺得也挺有幫助的。我們莫名其妙做出的很多事，其實跟父母或祖父母一輩會有一些關聯，這種家庭成員之間的連結非常微妙。這是第一招：讀書自救。

第二招就是你可以去找心理諮商。如果你覺得這事很嚴重，已經影響到和親人的關係了，可以去找心理師聊一聊，讓他給你排解排解。可能你需要的只是傾訴，心理醫生有一個重要的作用就是傾聽，聽你連續不斷地傾訴。傾訴完了，可能不用人勸，你自己就好了。

第三招就是要學會知足和感恩，這是一個工具，很容易做到。你可以想想這些人給了你什麼，你可以列出自己的「擁有清單」。我們生氣常常是因為感覺自己得到的少。所以，把你擁有的東西都寫下來，你會發現，其實這些才是最值得重視的。

親人提出的觀點或建議是好的，我們往往接受不了。同樣的話，換成外人、路人甚至陌生人來說，我們卻可以接受。這是為什麼呢？《親密關係：通往靈魂的橋梁》這本書講得很清楚：結婚是人生的一次重生，找人結婚的目的，就是要彌補自己早年間受過的傷痛。一個快遞小哥給你提個建議，你無所謂，因為你沒準備讓他來彌補你的童年創傷，你對他的期待和要求是完全不一樣的。對最親近的人，我們則有更高的要求。搞明白了這個原因，這輩子你就可以慢慢跟自己和解了。

童年創傷比較重的人，與自己和解的路會更長。所以，要有點耐心。創傷已經產生了，就得跟它們慢慢相處，慢慢和解。

理解了所有人都有這個反應，你就淡定了。搞明白個中原因，你就可以慢慢去學著接納自己的童年，愛自己。不要把伴侶當作療傷的工具，否則你就會對他提很高的要求，最後的結果就是一拍兩散。

演講時如何做到輕鬆從容？

Q 我看您無論在臺上還是在臺下，狀態都很放鬆、很從容。如果我也想修練到像您這樣，在演講時這麼放鬆和從容，需要怎麼做呢？

「臉皮要厚」，這是核心。你要不在乎丟臉，不怕說完了話被別人挑刺、指責。你只需要問問自己，你做這件事是不是為了對方好。

我們講過一本書叫《高效演講：斯坦福最受歡迎的溝通課》，書裡最重要的一句話是，**演講要抱著「送禮物」的心態，一定是有一些東西要分享給大家、送給大家，才上臺的**。會演講的人未必參加過辯論賽，未必有特別好的口才，他只是有顆真誠的心。一個完全不會說話、口才特別差的人，甚至連某種語言都沒有掌握的人，也可以做出令人震撼的演講。

我推薦你去看一部電影——《救救菜英文》，它說的是一位不會說英語的印度婦女，跟著全家人一起去美國參加親戚的婚禮。到了美國以後，全家人都覺得她很丟臉，因為只有她不會說英語。於是她就開始苦練，去參加英語培訓班，去認識當地人，克服心理痛苦和心理障礙，一點點去學很簡單的英語。直到最後一天，在婚禮上，別人考慮到她從印度那麼遠的國度來，想讓她講兩句話，她老公就說，她不會說英語，他替她說。她突然說：「我想自己說。」於是她就用她學會的一點點英語，把她在電視上學到的「尊重」、「獨立」等好幾個大詞串起來，結結巴巴地用獨屬於她的印式英語做了演講，講得她老公眼淚直流，全場的人都被震撼到了。

所以，人能不能在公眾面前好好講話，能不能回歸到平時的狀態，核心不在別的地方，而在於你的腦子裡到底在想什麼。如果你做什麼事腦子裡想的都是自己的表現，「別人會怎麼說我、怎麼看我」、「我今天又丟臉了」、「我今天表現好棒」，想的都是我我我，你就會非常緊張。因為你覺得每一次演講都是一個了不起的展現自己的機會，「靠這次我就要揚名立萬了」。得失心太重，自然就放鬆不了。

得失心太重，是導致我們緊張的本質原因。

我是經過多次演講以後，才發現人很難透過一次成功的演講來揚名立萬的。我在辯論會上得了冠軍，感覺人生到達了巔峰，抱著獎盃，所有人都過來跟我照相，結果照完相回到學校，我做的第一件事就是去補考，感覺一下子就被打回現實。最終你會發現，你所謂的榮耀時刻、光輝時刻、巔峰時刻，在別人眼中都是過眼雲煙。回到現實，該考試考試，該掙錢掙錢。你服務不好，顧客照樣客訴你，生活並沒什麼變得多麼不同。

所以，別把自己的表現看得那麼重，人若想真的生活得好，靠的是每天都在做正確的事，每天都在對別人好，每天都在為社會創造價值。

在跟強勢的人溝通時，如何舒緩緊張的情緒？

Q 我不知道如何跟比較強勢的人、能力特別強的人去溝通。比如給老闆報告時，我會感覺特別有壓力，有時候腦袋會一片空白。所以我想問的是，在跟強勢的人溝通時，有沒有什麼方法舒緩緊張的情緒？

這是一個典型的心理問題。有很多種工具都可以幫助你！從裡到外，讓你發生改變。

在跟比較強勢的人、能力特別強的人溝通時，你之所以會感到緊張，是因為你的體內分泌了很多壓力荷爾蒙，也就是皮質醇。有本書叫《輕療癒》，告訴我們可以使用敲擊的方法來減少體內皮質醇的分泌。你可以在腦子裡構想一下讓你倍感壓力的畫面，比如老闆突然出現了，一步一步地責問你，同時敲擊人中、肩頸、腋窩、百會穴等這些地方，抑制體內皮質醇的分泌。

這個原理實際上很簡單。你在腦海中不斷重現壓力場景，卻不讓身體分泌皮質醇去呼應它，漸漸地，類似場景再出現時，你也就不會緊張了。有段時間，我坐飛機時總是因為飛機的顛簸而緊張，於是就在腦海裡幻想著飛機瘋狂顛簸的樣子，然後按照那個敲擊法去敲擊身體，敲完感覺就好了很多。這是一個直接的方法，你可以試試，看能不能幫到你。

還有一個辦法，就是採用高能量姿勢來改變自己體內的睪固酮。如果你體內睪固酮含量太低，皮質醇含量太高，那你就會緊張害怕，手心出汗。如果睪固酮含量高，皮質醇含量低，你就會表現出放鬆的狀態，有一種足以掌控全場的感覺。去見主管之前，你可以先做一個這樣的動作：雙手叉腰，兩條腿分開，對著鏡子看。堅持兩分鐘，可能你的狀態就會變得不一樣了。

再往深層的心理方面去挖掘，你可以去反思自己小時候和父母的互動關係。有沒有可能你小時候總是被他們挑剔，父母中有一方比較強勢，整天都在批評你？如果存在這種情況，你就需要去照顧童年時的自己，閉上眼睛去回想自己小時候的樣子，淡定地給他支持，給他力量，對他說：不用擔心，我會保護你的。**當你療癒了小時候的自己，你的內心才會有愛**。人需要愛，一個人獲得了愛，在英文中叫 beloved（被愛），you are beloved（你是一個被愛的人），你才會有能量去跟上司面對面抗衡。

當你能夠愛人的時候，你更不用緊張了，你是給予愛的人，你緊張什麼呢？

童年創傷比較重的人，
與自己和解的路會更長。

總結時刻 /

- 一個人如果把別人的評價看得太重，做什麼事都會糾結，做什麼事感覺都不對。
- 所謂戲劇化處理，就是在腦海中把朋友的負面部分想像成一個卡通人物來對待，這是一種非常有趣也特別有效的方式。
- 一個人的發展歷程，就是不斷減少隱私象限、盲點象限，擴大公開象限的過程。
- 彌補自卑感的正確做法應該是把自己的價值和社會的價值融為一體。
- 演講要抱著「送禮物」的心態，一定是有一些東西要分享給大家、送給大家，才上臺的。
- 當你療癒了小時候的自己，你的內心才會有愛。

〈社交破局〉推薦書單

《借錢：利息、債務和資本的關係》繁體版為《借錢：從利息、債務到金融商品，2000年的演變真貌》，查爾斯．蓋斯特，日出出版。

《可複製的領導力：樊登的9堂商業課》繁體版為《可複製的領導力：300萬付費會員推崇，樊登的九堂商業課》，樊登，先覺。

《情緒急救》繁體版為《情緒自癒：七種常遇心理傷害與急救對策》，蓋．溫奇，橡實文化。

《躍遷：成為高手的技術》繁體版為《躍遷：「羅輯思維」最受歡迎的知識大神教你在迷

茫時代翻轉人生的5大生存法則！》，古典，平安文化。
《鈍感力》繁體版為《鈍感力》，渡邊淳一，樂金文化。
《身體從未忘記：心理創傷療癒中的大腦、心智和身體》繁體版為《心靈的傷，身體會記住》，貝塞爾．范德寇，大家出版。
《六頂思考帽》，愛德華．德博諾，中信出版社。
《平行思維：解讀六頂思考帽的深層價值》，愛德華．德博諾，企業管理出版社。（新版為《平行思考：一種化解矛盾與解決問題的思考技巧》，愛德華．德博諾，化學工業出版社）
《誰在我家：海靈格新家庭系統排列（升級版）》，伯特．海靈格、索菲．海靈格，世界圖書出版公司。
《高效演講：斯坦福最受歡迎的溝通課》，彼得．邁爾斯、尚恩．尼克斯，吉林出版集團。

《輕療癒》繁體版為《釋放更自在的自己：15分鐘快速減壓、平衡情緒的深層療癒法》，尼克．歐爾納，天下雜誌。

第 6 章

優解教育

教育　叛逆

×

矛盾　教學

Part 1

教育

管好你自己的生活，
讓你的思想深刻一點，
讓你的生活有趣一點，
孩子自己就跟上來了。

錯過了孩子成長的關鍵期，家長該怎麼彌補？

Q 我二十七歲結婚，今年三十五歲，三年前生孩子。在孩子到來之前，我就一直很焦慮，擔心靠自己現有的一切，能不能給他好的教育。現在我兒子已經長到三歲了，但是我發現自己並不了解他，我好像沒為他做過什麼。現在我更焦慮了，因為我聽你說過，零到六歲對孩子來說非常重要，是孩子成長的關鍵期。我已經錯過了孩子零到三歲這個關鍵期，樊老師，請您告訴我，未來三年我應該做點什麼？

這個問題其實很容易回答。你要做的就是把愛、價值感和終身成長的心態賦予孩子。

你最大的問題是，你為什麼那麼愛焦慮，這才是你最需要解決的。按理說，一個男人在三十二歲時決定要孩子，做父親，本身是一件非常美好的事。但是，生孩子是件大事，有焦慮很正常。如果對這麼大的事都不感到焦慮，那說明他根本不在乎，很可能不能成為一個合格的父親／母親。但是，如果一個人只剩下焦慮，就像你說的，一開始就在焦慮，三年過後又發現其實什麼都沒做，只是用焦慮代替了做事，這就不對了。

你的問題，也是大多數人會有的問題。很多人在遇到事情後，往往只停留在焦慮上，然而過度焦慮並不能改變什麼，只能讓你原地踏步。我們要學會跟焦慮和諧相處，知道焦慮不完全是壞事，它有它的好處，**適度焦慮帶來的是重視，而不是痛苦，它會促使人採取行動**。所以，你需要做的是適度焦慮，然後用做事來消除焦慮，做完事後多看到自己進步的部分，這樣你就能活得越來越輕鬆、愉快、自在。

我做父親之前也很焦慮，因為我連一隻狗都教不好，更不要說教孩子了。所以，我就去買了很多親子教育的書，全都讀完以後，我內心就變得很篤定了。因為我已經了解了孩子成長的規律，在孩子出生後，我採用情感引導的方法來教育他，一步一步投入，最後對教育孩子這件事，就是越做越開心，越做越輕鬆。

此外，你還要去反思一下你和父母的關係。小時候，你的父親或母親是不是經常會嚴厲地責備你？一個人被強力壓迫的時間太長，容易形成自我批判的習慣。如果不根除這個習慣，即使做得再好，也還是會持續焦慮。所以你要反思自己存不存在這種情況，如果存在，你也需要去處理。

孩子上課注意力不集中，該怎麼辦？

Q 我是一個孩子的母親，我家孩子今年九歲了，老師反映他上課時注意力不集中，該怎麼辦？

一般來說，孩子上課或寫作業時注意力不集中，可能是因為家裡有人老分散他的注意力。核心在於他和父母的關係，如果父母給他造成了壓力，讓他一想到學習就會擔心，就會害怕，就怕被人罵，那他肯定不會專心學習的。

我講過一門課，叫「對孩子好一點」，這門課專門講父母怎樣不去做孩子的「豬隊友」，去做孩子的「神助攻」。假如你學開車的時候，你老公坐在副駕駛座上一直說「快，打燈，踩離合器，踩煞車！快，減速，減速」，會對你有幫助嗎？不是有這樣一則新聞嗎？一位女性誤把油門當煞車，一腳踩下就直接衝出去了。她後來說，就是她老公一直在旁邊狂喊，嚇得她直接踩錯了。所以，**旁邊的人如果不停地批評我們，根本無助於我們把一件事做好**。

很多父母批評孩子時，最常說的是什麼？「我有沒有跟你說過」、「我跟你說過幾次了」。這些話背後的含義是「這事不怪我，全怪你自己」。我們是在跟孩子劃分責任，不願意承認其中也有我們的責任。

不斷責罵孩子的過程，就是不斷推卸責任的過程，這導致孩子在學習上容易緊張恐懼，進而導致他上課、做作業不能集中注意力。

實際上，你跟你老公如果能夠稍微輕鬆一點、幽默一點，拿出更多的精力讓孩子覺得學習很有意思——學科學很有意思，學文學很有意思，背古詩很有意思，你就會發現，你根本不用管孩子學習，孩子會一路小跑著去把各種該學的東西都學了。

對於孩子的學習，很多家庭會出現這種場景：拿鞭子抽孩子——不學？啪！還不學？啪！一鞭子又一鞭子，督促孩子去學習，孩子變成學習的奴隸。誰願意做學習的奴隸？很多孩子會去反抗，不反抗才怪！孩子走神、注意力不集中，就是潛意識中在反抗被逼著學習這件事。所以說到底，在孩子的學習上，有時候父母就是在幫倒忙。

之前有個女學員跟我說，她是985名校[6]畢業的，但畢業以後，除了打遊戲，別的她什麼都不想做。我問她為什麼，她說小時候爸媽天天逼她做作業，把她逼成了個學霸。她當時雖然特認真地學了，心裡卻在想：上完大學，我就再也不學了。她說她也很痛苦，不知道自己為什麼會這樣。其實，她的原因就是她內在學習的動力被撲滅了。

我推薦幾本書給你，《你就是孩子最好的玩具》、《如何培養孩子的社會能力》、《叛逆不是孩子的錯》，還有我自己寫的《讀懂孩子的心》，它們的核心都是告訴我們怎麼去點燃孩子內在的學習動力。

6「985」指的是中國各地區的重點大學，皆是頂尖名校。

孩子遇事總說學不會，為什麼？

Q 我是一個單親媽媽，在孩子五、六歲的時候，我就希望他能夠養成獨立思考、積極勇敢的性格。因此，我總是會鼓勵他去做一些事，但每次他都會跟我說「媽媽，我不會」，我說「媽媽教你」，他還是會說「媽媽教了我也不會」。我很想知道，他為什麼會這樣呢？

我猜想你和孩子以前的交流是不是這樣的：孩子經常對你說「媽媽，你看我學會了什麼什麼」，而你總是回應「你少來」、「你老實點」、「你別動」。如果是這樣，孩子遇到事就說不會就一點都不奇怪了，因為孩子從來沒有從你這裡獲得積極回饋，慢慢地，孩子的心態就變成「我學不會的，我做什麼媽媽都覺得不好」，他會變得越來越不自信。

身為一個單親媽媽，既要工作又要帶孩子，你要學著調整自己的壓力狀態。其實，我們對孩子的態度，重點根本不在於孩子做了什麼，而在於我們的壓力水準。壓力大的時候，孩子不管做什麼你可能都會覺得煩躁、生氣——這孩子怎麼這麼不省心？壓力適中或壓力小的時候，他不管做什麼你都覺得他可愛。你要讓自己始終能保持輕鬆愉悅，這樣孩子的行為在你看來才是可愛、有趣、好玩的，你才能發自內心地對他表示感謝、表示肯定，甚至表示讚嘆。而孩子從你這裡獲得這些積極的回饋後，自信心自然就會慢慢建立起來了。

讓孩子建立自信，其實還可以透過向孩子表達感謝來實現，尤其是對他很容易做到的事表達感謝，更能讓他變得自信。

比如他在公車上保持安靜，你可以向他表達感謝：謝謝你，謝謝你今天在公車上這麼安靜，讓媽媽可以休息。用感謝來肯定他做的事所產生的價值，他就能夠感受到自己的價值，這樣他就能變得自信了。

推薦你閱讀一本非常重要的書：《感受愛：在親密關係中獲得幸福的藝術》。平時說到「感受愛」，我們總是希望別人能學會感受愛，希望孩子能學會感受愛，其實並不是，是我們自己首先要學會感受愛，學會調整自己的壓力狀態，以更好的狀態跟孩子相處。

孩子看電視成癮，怎麼辦？

Q 我有一個十一歲的兒子，他小時候很愛看書，看了很多書，後來他跟家裡老人接觸得比較多，慢慢受到影響，變得愛看電視，而且有上癮的趨勢。我想請教一下，有沒有什麼辦法，把他從電視旁邊重新拉回到書的懷抱中？

首先，接納是非常重要的。**人感受到的痛苦，往往不是來自痛苦本身，而是來自自己的想像**。我們會把沒有發生的事當作已經發生了。孩子還小，就在想如果他考不上大學怎麼辦，天天活得很頹廢怎麼辦。其實，這些根本都是沒發生的事。所以，你首先要把這些想像跟真實世界分開，這個分開的過程在心理學上叫解離。但這不意味著我們不要去努力。最好的狀態是，我們以努力的姿態活在當下。

孩子以前那麼愛看書，為什麼現在捨得放棄了呢？是不是沒有人跟他討論新書了？如果他喜歡看書，可以持續給他買書。孩子的學習是模仿式的，他不會聽我們說什麼，而是會看我們怎麼做，然後去模仿。你可以帶他一起去看書，去逛逛書店，再跟他討論討論書。所以，如果想讓孩子多讀書，你自己也要多讀書。可以跟孩子一起制訂一個閱讀計畫，一起來改變生活和學習的節奏。

此外，戶外運動也很重要，要多帶孩子進行戶外運動。戶外運動會促使人的身體分泌多巴胺，那種快感是看電視無法帶來的。所以，大量的戶外運動有可能減輕電視上癮。

你還可以跟孩子討論一下「成癮」問題。有本書叫《欲罷不能：刷屏時代如何擺脫行為上癮》，就是專門講「成癮性」的。你要讓孩子意識到他有可能對電視上癮，但即使真的上癮了，也是可以改變的。你可以問孩子，他想跟父母一起做哪些事來改變，**要讓孩子成為解決問題的主角，而不是被迫參與的配角**。甚至，你可以讓他跟家裡老人一起鍛鍊，讓他帶著他們出去散步，或者給他們講講書，從中獲得給大人上課的成就感，慢慢地，他可能就遠離電視，回歸書本了。

在我們家，我兒子嘟嘟就會教保姆外語。小孩子都好為人師，在教的過程中，他和保姆都學到了東西。所以，要改變這件事，有很多方法。總結一下就是，首先你不要太痛苦，因為糟糕的事還沒有發生；其次就是制訂一個計畫，讓孩子成為計畫的主角，慢慢改變。

孩子依賴電子產品，家長很焦慮，怎麼辦？

Q 從整體上來說，我們現在的生活狀況其實是越來越好的，可是身邊焦慮的人卻越來越多，尤其是當了家長以後，對孩子的成績和孩子對手機等電子產品的依賴，都感到很焦慮，怎麼辦？

其實焦慮是很正常的一種狀態。原始人就開始焦慮，不焦慮人類可能就活不到今天。要有足夠的焦慮，我們才會為了保護自己而願意進步，所以焦慮可以說是人類進步的一個動力。當然，如果焦慮得太過，形成焦慮症，那就麻煩了。那怎麼樣才能管好自己的精神狀態，避免過分焦慮呢？

有本書叫《壓力管理指南》，這本書裡談到了ABC原理：A是發生的事情，B是你對這件事的看法，C是最後的壓力狀況。孩子看手機，這是A；我覺得不行，孩子不能看，這是B；導致的結果是C，我很焦慮。很多人喜歡透過改變A來改變C——我不讓他看手機，那我不就不焦慮了嗎？但是，你不讓他看手機，他有可能會瞞著你偷偷摸摸去看，怎麼辦？——我看著他，不讓他偷偷看。那孩子心情不好，又生病了，怎麼辦？——我再來解決生病的問題。這樣下去，問題永遠解決不完。

所以，透過解決A來改變C是不可能的，真正有效的是解決B，從自己身上尋找解決辦法。現在大多數孩子都看手機，所以首先你沒必要那麼焦慮。其次，你想想看，孩子看手機也並非沒有好處。假如他完全不看手機，他跟外界可能就沒有多少交流，妨礙他認識世界。最後，想想其中有沒有你的責任，你自己是不是也經常看手機。要想改變孩子看手機的問題，你是不是要先改變自己看手機的問題。如果能夠透過改變這件事，跟孩子產生更深入的交流，建立更好的感情，那不是很棒嗎？

換個角度來看待A，你才能真正改變C的結果，從而把根源的問題解決。我希望你明白，**焦慮這件事，不能靠消滅現象來解決，而應該靠改變我們內心的承受力、改變我們看待事物的方法來解決。**

具體怎麼讓孩子減少對手機等電子產品的依賴，我也有一些建議。首先我們得多給孩子創造一些可以玩的東西，把他的注意力轉移到一些更有知識性、更有趣的活動上來。你現在好好想想，除了看手機，孩子有別的好玩的嗎？如果沒有，作為父母，你就要給孩子創造更豐富多彩的活動，不用花很多錢。比如在休息的時候跟他一起去爬個山、散個步、看看動物、打打球等，都是可以的。或者你自己讀書，讀完了跟孩子討論，孩子能感覺到你在不斷地進步，給他帶來了很多新的資訊，他會更有興趣跟你交流。這樣不僅讓孩子放下了手機，還增進了你們的感情，一舉兩得。總之，想讓孩子遠離電子產品，就要多給孩子創造其他一些他感興趣的活動，這是第一個建議。

第二個建議，也是我認為很重要的一點，就是不要靠打擊他來改變他的習慣。一**個人自尊水準越低，越不會改變**。很多父母想讓孩子改變，就不斷打擊他：你整天看手機，將來考不上大學，沒人管你。改變壞習慣的方法，不是責備、責備、責備，而是首先接納他，然後尋找亮點肯定他，提高孩子的自尊水準。如果他自己不願意改變，你收手機、摔手機、在家裡裝攝影機、跟老師聯合控制他，都沒用。

還有一本書推薦給你：《叛逆不是孩子的錯》，這本書可以幫助你解決孩子的不良習慣問題。

孩子體質弱但又不愛運動，家長應該怎麼辦？

Q 我家是個男孩，六歲了，身體很弱，但就是不愛運動，我之前跟他商量報運動訓練班，他都不願意去。還有就是，因為孩子身體比較差，他有半年一直在海南，回來之後一直沒上學。我怎麼做能讓他多運動，增強體質呢？

運動這件事，就是要多鼓勵他。小孩子沒別的，就是需要正面回饋。有正面回饋，他就會願意運動。小孩子其實都挺怕挫敗的，幹一件事失敗了，他們就會覺得這個不好玩，不想玩了。我兒子打乒乓球，一開始跟我打，老打不著，他就生氣說不想玩了。後來他又練了一段時間，越打越好了，現在水準提高了不少，偶爾還能贏我幾個球。那天他特別深沉地對我說：「爸爸，你還記得當年你剛教我打球的事嗎？」我說：「我記得啊，你老打不著球。」他說：「那時候我差點就不願意打乒乓球了，要是當時我放棄了，現在該有多遺憾。」孩子會感受到學習的樂趣，所以你不要去放大「他不喜歡運動」這件事，多給他正面回饋，在他表現好的時候鼓勵他、肯定他，給他一些贏的機會，慢慢地，他才會對運動感興趣。

如果孩子身體確實比較弱，你不能隨便讓他運動，得聽醫生的建議。等到孩子恢復得差不多了，再開始運動，慢慢來。你不要因為這件事焦慮，父母對這件事焦慮，孩子就會對這件事敏感，改變起來就比較困難。運動本身是一件開心的事，帶孩子運動是一件讓雙方都開心的事，所以你應該讓開心的情緒去驅動孩子運動，而不是用焦慮、痛苦、吼叫去驅動。

孩子應該花很多精力學習中國傳統文化嗎？

Q 我們現在學習中國古代的這些哲學，影響身邊的人，影響自己的孩子，從小培養他學習中國古代的東西，是否要比讓他學西方的理念更有意義？

我沒法評判學哪種東西更有意義。這就好比問愛情和親情哪個更重要，沒法衡量。如果你問的是，該不該花那麼多力氣學古代的知識，我倒是可以說一說。古代的東西好在哪兒？你會發現那個時候的人可以花大量的時間和精力集中去思考。現在，這是件挺奢侈的事。現代人被社會慣例裹挾著，要參加高考，要趕緊工作，要評職等……每天都在忙著做那些應付別人的事。我們所做的事都是為了讓別人看到。孔夫子講，「古之學者為己，今之學者為人」。古人學東西，往內在看，不斷朝裡找，找自己內在的變化。很多我們今天想不明白的事，古人早就想過了，而且給出了答案。你人生當中遇到的各種煩惱，翻開《論語》、《道德經》、《莊子》一看，裡面都有答案。

我當年在北京做中央電視臺節目主持人時，沒人認識我，坐地鐵都沒人跟我合影。我就覺得這主持人做得真冤枉，誰都不認識我，一天到晚憤憤不平。後來我讀《論語》，一下子就被一句話擊中了，「不患莫己知，求為可知也」，說得多好！不要擔心別人不知道你，要擔心的是你有什麼好讓別人知道的。就因為有這樣的經典，中國精神才能穿越幾千年歷史而不散。

孔子是春秋時代結下的一個最重要的果實。孔子所確立的儒家思想，使得全民族形成了文化上的認同，這個文化認同保證了中華的大一統局面。這種智慧是值得每個人花費大量時間去學習的。

那是不是應該學三個小時牛頓，再學一個小時孔子，保持這樣的時間配比？沒有這麼算的。當然，你也可以學牛頓，學愛因斯坦。人類的腦容量是足夠大的，這些知識可能占用不了大腦十分之一的空間。沒什麼好糾結的，好好學就好了。

該如何跟孩子談論「死亡」話題？

Q 前兩天我跟兒子聊天，問他：「你長大了，能不能給我買一棟別墅？我想養花養魚。」他說可以，接著他就哭了。我問他為什麼哭，他說想永遠跟我在一起，害怕我死掉。涉及生死這個問題，我覺得自己是個新手，不知道該怎樣跟孩子溝通。

怎麼跟孩子討論生死這件事，是一個非常重要的話題。有很多書是討論這種問題的，像《最好的告別》、《耶魯大學公開課：死亡》，還有一本專門寫給小孩子的這方面的書，叫《天藍色的彼岸》。

心理學家建議我們，**如果要給孩子做死亡教育，最好帶他去看一棵大樹，讓他知道這棵大樹會生長，會開花，會結果，會落葉。**落葉其實就相當於死亡，但落下的葉子又滋養了樹根，讓大樹長得更好，這就是生命生生不息的過程，這樣可以幫助孩子理解到，死亡其實是生命的一部分。

我是藉著清明節給我兒子做的死亡教育。清明節時，我們走在路上，看到每個十字路口都有好多人在燒紙。我兒子不明白，問他們在幹嘛。我說，他們在用這種方式跟去世的人溝通，希望他們能接收到自己的愛、資訊和關懷。後來有一次，我們在一起討論問題，說到多年以後爸爸媽媽走了會怎麼樣，他說：「我給你們燒紙，然後我等著你們回來。」他這麼說，我很感動。小孩子都是很愛父母的，就算父母打孩子，孩子還是一樣地愛父母。這是真的，孩子對父母的愛是真正無條件的。有時他們愛父母，要遠勝過父母愛他們。大人總是覺得，自己對孩子已經夠好了，已經掏心掏肺了，但其實，孩子對你的愛才是刻骨銘心的，因為無論你多糟糕多壞，他都會愛你。

你還可以跟孩子一起看一下《可可夜總會》這部電影。它其實是一部很好的死亡教育片。家族成員之間一定是有連結的，你心中對逝者的懷念，不僅對你自己有意義，對逝者也有意義。

最後，如果孩子問出了這個問題，父母千萬不要驚慌。不要害怕孩子會糾纏在這個問題上。他們的注意力是短暫的，他們現在問你這麼深刻的問題，也許沒過五分鐘就跑去看漫威、玩玩具了，所以不用太擔心。這個其實跟性教育是一樣的，孩子問一個問題，家長緊張得要死，而孩子問完可能就忘了，很快就去做別的事了。

不能接受孩子變平庸，我該怎麼引導孩子深度思考呢？

Q 我在教育孩子的過程中，發現他有時候有好奇的點，但不願意去思考，這是一個問題。另一個問題，就算他願意思考，好像也不知道該怎麼樣去思考。還有一個問題，其實也是我最擔心的，他思想比較簡單，人云亦云，不愛動腦筋。所以我想聽聽您的意見，該如何引導和培養孩子深度思考。

我們應該思考一個問題，怎麼才能讓你這樣的家長不要這麼得寸進尺地對孩子提這麼多奇怪的要求？

小孩子，你還是讓他天真一點比較好。小孩子開開心心的、傻呵呵的，什麼東西都只想淺層次的、表面的東西，高高興興的就很好。難道你希望你的孩子現在張口就說《孫子兵法》？說「孔子說過」、「老子講過」，這還像個小孩子嗎？

做家長的，第一要學會知足，第二要學會欣賞，第三要淡定。最後這一條最難做到，是你自己不淡定，才會有的沒的挑出這些問題來擔憂。

我經常說，**很多父母對孩子都是得寸進尺的**。我為什麼會用「得寸進尺」這個詞？因為確實有很多父母就是不知足。明明你的孩子不打人，又愛學習，跟你的關係又很好，跟爸爸的關係也很融洽，看起來好像沒什麼問題，你非得挑：「不行，他的思考不夠深入，我要讓他的思考更深入！」這樣問題就來了。所以，放鬆一點，孩子幹嘛要思考那麼深入呢？有什麼好處呢？如果你真的想培養孩子某一方面的特長，或者希望孩子在哪方面做得更好，他做這些事的時候，你讓他獲得更多的多巴胺獎勵就夠了，這是最基本的原理。

一個人愛做一件事，是因為做這件事的時候他的大腦獲得了多巴胺獎勵。但是，作為父母，我們在旁邊做的是：你光喜歡這個可不行，你還得喜歡那個。他喜歡了一件事，你不給他多巴胺獎勵，你還打擊他。沒必要讓「孩子思想深刻」，這是對哲學家的要求。

你天天在他面前表現的都是擔憂、害怕，怕他還不夠好，他從你這裡獲得的都是負能量，你想想看，他做什麼事能深入下去呢？

你讓孩子好好成長就好了。你管好你自己，你願意思想深刻，就思想深刻，你可以自己去讀《思辨與立場》，學一點《孫子兵法》。孩子的思想能不能深刻，跟你現在使勁不使勁沒有任何關係。你越使勁，說：「來，咱們來做數獨。」「來，咱們來做邏輯題！」孩子反而會被搞得越來越平庸，因為他根本找不到樂趣。你使勁越大，他反而越不喜歡。其實你要做的，就是在他表現好的時候，發自內心地去給予鼓勵和肯定，他才能分泌更多的多巴胺，才能夠開心地繼續堅持做下去。

你只要不破壞他的興趣就好了，就不要老想著激發了。家長總覺得自己不做事就不行。其實，你多花點時間做你自己的事，**管好你自己的生活，讓你的思想深刻一點，讓你的生活有趣一點，孩子自己就跟上來了**。只要你自己越來越好，孩子就能以你為楷模，也會變得越來越好。

放鬆一點，別再提這樣的問題了。你這輩子有機會成為一個了不起的人，有機會成為一個思想深刻的人，不要過早放棄。

女兒和爸爸的關係有點緊張，怎麼辦？

Q 我女兒十三歲，我們母女關係還比較和諧，但是她跟她爸爸相處起來，總是感覺壓力特別大。他倆溝通，最終總是以她哭來收場。之後她會跟我說：「媽，你去跟我爸說，我沒法跟他說。」我老公也會跟我說：「我沒法跟你女兒說。」有問題時就成了「你女兒」，把女兒的作品發到朋友圈得到很多人點讚的時候，他就會說「我們女兒」怎麼怎麼樣。如何能讓爸爸跟女兒的關係更進一步，或者對女兒做點什麼輔導，讓她有所改變呢？

聽你的具體描述，感覺你是在自尋煩惱。其實你沒必要那麼擔心，你跟你閨女關係不錯，她爸爸也愛閨女，你就別雞蛋裡挑骨頭了。生活沒有完美的。

首先，接納生活的不完美。你們家其實已經很好了，你老公不是一個很糟糕的老公，你女兒跟她爸爸也有感情。如果你老想好上加好，就會給自己帶來非常沉重的負擔。因為解決了這個問題，還會有別的問題。生活不可能永遠沒問題，所以我覺得，你要扭轉看問題的方式，多看到自己幸福的那面。把這些東西當作美好的拌嘴，將來女兒上大學，離開這個家的時候，你會回憶起父女倆拌嘴的美好畫面。

其次，如果你真的想改變你老公，最好的方法是給他一些鼓勵。在他做對一些事的時候肯定他，得到了這樣的回應，他會更有動力去堅持學習，堅持改變，做更好的事。他嘴裡說「你女兒」、「咱女兒」，你就當作夫妻之間打情罵俏的一種方式好了。跟女兒這邊，你也可以多講講她爸爸的好處。

不過有一個原則要遵守，就是夫妻倆不要同時訓斥孩子。爸爸批評孩子時，媽媽再一起批評，變成混合雙打，孩子的感受會非常不好，家裡的態勢就很糟糕了。一個人說，另一個人就閉嘴。也不要當面說正在教育孩子的人不對，可以私底下再聊。在孩子面前保持一個人說話就好。

在教育孩子時，你可以試一下，不要給你老公提任何建議，因為一個人給別人提的任何建議，在對方聽來都是批評。你可以試著對他提問：那你覺得怎麼做更好？上次是怎麼說的呢？在什麼地方她出現了反彈？如果他說了一個理由，你不要說他「你別找藉口，那就是你的問題」，不用批評他，而是去傾聽，跟他做情感上的呼應：「確實不容易，孩子大了就是很難管，那咱們怎麼辦呢？」用這種潤物無聲的方式，讓他了解屬於他的責任，努力去思考和改變。

用提問的方式，也就是輔導的方式，去改變自己老公的溝通方式，是很有效的一個嘗試。你可以聽一本書：《高績效教練》，它能非常有效地改變人際互動模式。對你的女兒，你可以聽聽《如何培養孩子的社會能力》。不要在家裡做和事佬，在老公和女兒之間攪和，那樣你會特別累。

Part 2

叛逆

每個孩子的成長都是一個複雜的過程，
不是簡單地長大。

女兒正值青春叛逆期，我該怎麼管教？

Q 我們家孩子正在青春期，特別叛逆。她現在十二歲了，馬上要上初中了。我有時候跟她溝通點什麼，她老是說「你也不懂」，就懶得跟我討論，所以我就覺得挺焦慮的。她以後還要中考，現在得給她定好目標。但是她這樣，我該怎麼管教呢？

我以前跟鄧曉芒教授聊天，他是中國著名的哲學家，七十多歲了。五十多年前，他開始讀哲學書。那時候，他初中畢業，趕上「上山下鄉」，就到了農村，在那裡找到一本列寧寫的哲學書，從那時開始讀，後來慢慢成長為一個哲學家，而且是中國一流的哲學家。他回顧自己的一生，說最大的收穫就來自當時的「沒人管」，想讀什麼就讀什麼，喜歡哲學就使勁讀。哲學有啥用？不知道，就是好玩。他一路讀到康德、黑格爾，讀成了哲學家。我和鄧教授一起反思現在的教育方式，就像用冰棒模型做冰棒一樣，先造好一個一個的格子，把孩子放進去，澆築一下，出來的樣子都差不多，行了，這就交差了。

每個孩子的成長都是一個複雜的過程，不是簡單地長大。假如我們就簡單地要求孩子語文、數學、英語都不能差，最後他可能就會變成一個平庸的人。你的痛苦不是來自孩子，而是來自你自己的焦慮。

關於這個話題，我們講過很多本書，對你來講，可以先閱讀《你的生存本能正在殺死你》這本書。你原始的獸性，就是做「原始媽媽」的那種感覺——我要保護我的女兒，我不能讓她輸在起跑線上——在你的潛意識裡起作用。關鍵是，原始人根本不會判斷對錯，他們唯一的辦法是看別人在幹什麼。別人跑，他就跟著跑；別人停下，他也跟著停下。他根本不明白為什麼要跑，說不定不跑反而是對的。所以，如果我們用原始人的思路去生活，那就是——看別人爭學區房，我也要去爭；別人去爭市屬重點中學，我也要去爭。這對嗎？實際上，你的孩子可能有更多不一樣的成長方式。換句話講，你不管她，說不定她考學更容易。

你要明白，你的努力可能只會讓事情更糟。孩子到了十一、二歲這個年紀，父母能夠做的事不多了。首先保護他的安全，這是很重要的。跟他多做情感上的溝通，讓他更多地了解你的成長經歷，過去面對困難的時候你是怎麼做的，你有沒有犯過錯，你有沒有走過彎路，把自己的經歷講給他聽就好。當孩子對你有了更多了解，就會跟你建立起更深層次的感情。我們只能耐心地等待，等待孩子找到自己人生的使命。

在你「砰」的一下一股火上來的時候，你要學會先點點頭。點頭能讓你的情緒水準下降一些，等情緒恢復正常了，你再去跟孩子談話，時刻提醒自己耐心很重要。**孩子要過自己的人生。你是園丁，你讓孩子自己長起來，長成他想要的樣子。**園丁可以影響花——你可以給他正確的價值觀，讓他看到更美好的世界。孩子的眼界開闊了，價值觀正確了，他就不會浪費自己的生命了。

青春期的孩子厭學，還有機會改善嗎？

Q 我讀了很多關於培養孩子的書，可是我的孩子已經大了，現在已經到青春期了，許多成長關鍵期都錯過了，我感覺書裡的很多方法對他來說已經用不上了。他現在變得叛逆、厭學，愛玩遊戲。我還有機會改變他嗎？還是說，只能靜待花開？

看你怎麼看待靜待花開這件事了。人這一輩子永遠都在靜待花開，關鍵是怎麼靜待花開。如果你能夠換一種更積極的方式跟他互動，關心他，理解他，跟他交流，陪他旅行，那也是一種靜待花開的方法。

我們講過一本書，叫《解碼青春期》，是專門講青春期這件事的。那本書的作者是個孤兒，在孤兒院長大，還曾被其他的大孩子侵犯過，身上永遠都豎著刺。每到一個寄養家庭，他就開始計算：還有幾天他們會趕我走？他就這樣一直鬧，直到遇到了最後一個爸爸，一個特別有耐心的人，最重要的是這個爸爸對待他特別有方法。這孩子酒後無照駕駛，被抓進了監獄，進去以後，他給這個爸爸打電話，叫他來保釋自己。這個爸爸說：今天晚上你就住在那裡，因為你做了錯事，明天早上我會來保釋你。第二天早上，這個爸爸把他保釋出來了。

打架、喝酒、偷東西、亂開車，在我們一般人看來，這孩子肯定沒救了。但是那個爸爸把他從監獄接出來的時候，跟他說：你視自己為一個麻煩，但是我們視你為一個機會。就這一句話，改變了這個孩子的一生。寫這本書的時候，他已經是哈佛大學的一個學者，專門研究青少年問題。他這本書寫得非常好。

《解碼青春期》這本書就告訴我們，就算孩子到了青春期，犯了很多錯誤，他依然需要一個成年人，需要一個能夠給他講明白道理的成年人，耐心地陪伴他成長。**孩子比我們想像的更需要父母的陪伴，他們在青春期時特別焦慮，可能是因為自己很快要離開這個家了，很惶恐，擔心自己沒有更多的時間陪伴父母。**但是青春期的孩子不說，他們表現出來的是不斷地推你：你離我遠點，別管我。他不斷地做這個動作，其實是不斷地在考驗父母到底會不會幫助自己。

作者給了一個很好的類比。他去坐了一個非常危險的木製雲霄飛車，上去以後就很緊張，因為車上沒有安全帶，只有一根壓桿壓在腿上。在乘車過程中，他就反覆不斷地去推那根壓桿。推壓桿的過程就是在嘗試它到底是不是安全的過程。相似地，青春期的孩子不斷地去挑釁自己的父母，其實就是想試試看父母到底能不能一直都在。所以，千萬不要覺得之前的《你就是孩子最好的玩具》沒跟上，《培養孩子的社會能力》沒跟上，《正面管教》沒跟上，一切就都晚了。其實是沒關係的。

父母從什麼時候開始覺醒？當你意識到自己身上的責任時，你就能真正覺醒，也就能找到正確的靜待花開的姿勢。**靜待花開不是什麼都不做，更不是延續過去的錯誤方法，而是去找到一個正確的方法，耐心地去陪伴孩子。**

十歲女兒狂熱追星，我該怎麼阻止她？

Q 我女兒是個「〇〇後」，現在十歲了，追星追得很狂熱，我想請您幫忙，看怎麼解決這個問題。

作為家長，你有沒有思考過，她為什麼會追星？你需要從自己家的教育環境裡去找答案。如果孩子過度依賴外在的偶像，很有可能是家庭教育導致的。否則她不會沉迷，只會普通地喜歡。就像我們小時候也喜歡過劉德華、郭富城，很正常。我不太清楚你女兒喜歡偶像的程度，是我們這樣相對比較理智正常的，還是狂熱到讓人產生擔憂的程度。

家長總是太喜歡考慮以後的事，一考慮就放大：這樣下去變得怎麼怎麼樣，該多麼可怕！但是，想想你小時候有沒有崇拜過某個偶像。你可能都忘記自己當年崇拜偶像的事了。當年你媽媽如果像你一樣擔心，她也會來提問的。你一開始提問的語氣，讓我覺得這孩子已經很嚴重了，其實並沒有。你要反思一下自己的教育方式。如果你們的教育方式沒有太大問題，不會給孩子造成極強的外部壓力，她跟你們的關係是親密的，她相信父母，有話願意跟父母講，那你不必擔心，她喜歡偶像是很正常的，過一段時間她就會慢慢把重心調整回自己身上。如果你給了孩子極大的壓力，或者總是在批評她，嚴重地傷害了她的自尊心，她就有可能會去依賴一個東西，依賴一個偶像，這樣反而容易產生病態的心理。

在大部分情況下，小孩子對偶像的迷戀都會慢慢變淡，所以你不用太過擔心。如果為了這件事跟孩子產生特別多的爭執，整天擔心，實際上就是在不斷強化它，引導孩子向更迷戀的方向發展。因為小孩子都會有反脆弱的生長能力，你越是壓制，他就越是反彈。

我兒子今年十一歲，他小時候也迷戀一些明星，我沒管他，現在他喜歡看籃球，開始喜歡那些籃球明星了。一個小孩子在一定的時間段喜歡某些東西，是很正常的。不用擔心，只需要介紹更好的值得學習的東西就好了。

你可以跟她討論，可以給她介紹新的東西，讓她了解更多的內容。但是**切忌以隨便去關她的電視、搶她的手機等這種不夠尊重別人的態度來對待這件事，即便她是你的孩子。**

女兒總愛看不正經的書，怎麼辦？

Q 我女兒喜歡看一些情節很刺激的書，曾經有一本書，我看了一下，感覺太嚇人了，就和她爸合謀把這本書給扔了。還有的書，情節很嚇人、很血腥、很殘暴。這樣的書對孩子的價值觀、人生觀是不是會有不良的影響？我應該做些什麼，來改變這種情況呢？

首先你要反思：你的孩子為什麼這麼喜歡看這些書？她沒有在其他的地方找到樂趣，才會朝著人性中最容易被刺激的方向走。

人在趣味這件事上，有一個反脆弱的能力。什麼叫反脆弱的能力？就是你越是打擊它，它反彈得越厲害。閱讀也是一樣的。如果父母說這玩意不能看，太嚇人，孩子會覺得好酷，「我爸媽都不敢看，我敢看」，她就更有動力去看了。這就是禁止不見效的原因，其實你不如跟她聊一聊，聽她講一講，慢慢給她多介紹一些更好的書，讓她感受到那些好書的力量。

換個角度，以我個人的經驗，每個小孩小時候都看過很多很糟糕的書，但是這些書對他們人生觀的影響其實是有限的。從另外一個層面講，閱讀它們反而能夠幫他們養成用閱讀來度過閒置時間的習慣。雖然很多人小時候讀了很多糟糕的書，但是只要他們養成了閱讀的習慣，其閱讀品味最終一定會歸於經典，原因就是，經典的美好是高層次的，而低級的趣味不可能長期持續。就像《紅樓夢》，一代人又一代人在讀，永遠都有讀者，因為它是高趣味的經典。大浪淘沙，最後一定是好的東西留下來。

因此，你跟你女兒如果在這件事上出現了矛盾，你要做出取捨。父母偷偷扔掉孩子的書，對孩子的影響要比書本身大得多，她會跟你們學到，溝通不成功的時候就偷偷扔掉別人的東西好了。影響孩子塑造人生觀的最重要的東西，是父母的行為，而不是那些書。

我兒子最近在讀《2001：太空漫遊》，這是我推薦給他的一本經典著作。我推薦他去讀，他就去讀了。你知道你的問題的本質在哪裡了嗎？孩子跟你的關係。你推薦的書她不讀，你要反思為什麼。我兒子把《2001：太空漫遊》看完了以後，問我說能不能買到《2010：太空漫遊》、《2061：太空漫遊》、《3001：太空漫遊》，他要把全套都買回來看。他就開始喜歡這些知識了，《牛頓傳》、《愛因斯坦傳》、《世界觀》，他後來都讀完了。我們可以引導孩子的閱讀品味，但強制絕對不行。我希望你回家以後讀一下《關鍵對話》這本書，好好讀完以後，做好準備，跟你女兒來一次關鍵對話，儘量尊重她、引導她，用你的趣味去慢慢地影響她的趣味。

孩子焦慮易怒，家長該怎麼辦？

Q 我家孩子上四年級。我跟他爸爸離婚了，現在我和我母親一起帶孩子。我對他有時候挺嚴厲的，偶爾有些暴力，也打過他，那時候他會說「媽媽不愛我了」。現在他有些焦慮，愛發怒，已經兩個月不上學了，我該怎麼辦？

孩子的焦慮，本質上一定是緣於父母和孩子的關係。父母太過暴力，孩子就會容易焦慮。如果你們整天批評他、指責他，他就會得到一個這樣的認知：我怎麼做都是不對的。如果已經到了這個地步，讓孩子休息一段時間其實沒什麼不好。最重要的是，要改變你和他互動的方式。你要了解怎麼跟孩子建立愛的關係，怎樣讓孩子感覺到媽媽是他愛的屏障。孩子會覺得：爸爸已經不在身邊了，如果媽媽也不愛我，我活著還有什麼意思呢？我的人生沒有價值了。一旦他覺得人生沒有價值，他就不明白為什麼要上學，為什麼要學習。所以，你首先得跟他建立愛的連結，建立起愛的連結後，再慢慢帶著他一塊探索這個世界，讓他知道學知識的好處。到時候可以給他聽一些《達・芬奇傳》、《愛因斯坦傳》、《埃隆・馬斯克傳》、《蘇東坡傳》這樣的書，讓他感受到有知識、有文化的美好，再逐漸帶他從焦慮中走出來。

孩子休學半年一年的不是什麼大事，千萬不要覺得「完了，這都休學一年了，以後怎麼辦呀」。不要緊，還有很多人會帶孩子環球旅行，玩一年的都有。只要你能正確地看待這件事，跟孩子說：之前咱們的互動可能有問題，媽媽決定改，咱們趁著這個機會休息，我們一起學習，共同找出一個更好的互動方法來。

你也可以多閱讀一些「怎麼跟孩子互動」的書，同時把觀點也傳達給家裡人，爺爺奶奶如果性格太暴力也不行。過去我們都說爺爺奶奶寵孩子，現在很多家庭反而是爺爺奶奶暴力一些，因為他們年紀大了，有時候精力不濟，精力不濟就最容易暴躁。就按照這些方式，在孩子身上多花一點工夫，讓他感受到愛和安全感，多鼓勵他、肯定他，給他樹立正確的方向，慢慢再找到新的契機重回學校。

女兒把職業電競當作人生理想，我該怎麼勸阻？

Q

我女兒十五歲開始迷戀上手遊，她的目標是做職業電競選手，自己私底下找了一些職業俱樂部，而且她已經達到了入圍職業選手的水準。但她還只是一個十幾歲的孩子，我和她父親是走正規教育出來的，所以都很擔心她在最關鍵的時刻偏離軌道。

我以前試過一些強制手段，她也用最強烈的對抗來回擊我。現在她甚至對去學校上學都不感興趣了，她說想走職業電競路線賺第一桶金，然後再做自己最想做的事，朝九晚五的生活不是她期待的。我們很擔心她，但也不知道該怎麼勸阻。

迪士尼當年打算靠畫漫畫養家的時候，他的爸爸媽媽感覺這完全不靠譜，結果人家慢慢畫出了自己的事業。

當然了，你會說這是一個成功的案例，還有很多人沒畫出來。但你知道人是怎麼成熟的嗎？一個人就是在不斷的嘗試和失敗中慢慢成熟的。如果孩子消耗一大半的能量一直在跟父母對抗，他就永遠不會成熟。他做的所有決策都是為了反抗父母，這就是一種悲哀。

也許現在你就體會到了，你斷網、砸她的手機，甚至把她鎖起來，肯定都沒什麼用。她可以離家出走，或者等她長大了，甚至會做出傷害家人或她自己的舉動。那麼，你唯一能做的事是什麼呢？就是將來她混不下去了，你給她一碗飯吃。

我們特別祝福那些願意探索未知領域的人，如果這些年輕人真的都能夠成為演員、畫家、搖滾歌手、電競高手，該是多麼美妙啊。但是，我們也知道，要在這些職業中做到頂級是很難的，這不像做工程師。一個普通的工程師也可以找到工作，對吧？而這些職業的風險係數要高得多，這是家長普遍不願意孩子去從事它們的原因。但是，**只有讓孩子自己去經歷，被家人當作成年人去尊重，他們的自尊水準才能提高，才能做出真正屬於自己的選擇。**

《不管教的勇氣》這本書就揭示了一個我們日常生活裡特別大的謊言，就是家長對孩子說：只要你考上大學，我就不管你了。這個謊言會導致孩子的人生變得非常平庸，因為他以為考上大學，一切就會變好了。但是，考上了大學他就真的能過得很好嗎？「考上大學」離「過得好」還遠著呢。所以你先要放棄自己對大學的妄念。有的人就可以自學，想學什麼東西都能找到辦法，幹嘛非要靠文憑？而且，你對她未來的規劃並不清晰，你並沒有為她找到更好的職業。所以，對於她的未來，其實你也是稀裡糊塗的。既然如此，幹嘛非得那麼確定地要管她呢？

Part 3

矛盾

每個孩子最終
一定是要靠自己的自覺性來實現成長的。

老婆經常對孩子大吼大叫，該怎麼處理？

Q 我有兩個女兒，大女兒九歲了，上三年級，小女兒九個月。在教育女兒時，我寵愛多一些，但我老婆控制不好脾氣。我總覺得她對女兒的吼叫讓女兒很不安，身為父親，我也很不安。現在女兒的眼神已經透露出對抗的情緒，我老婆因此有了一點危機感。我們一起聽過《非暴力溝通》這本書，但我還是不知道怎麼去開導她、說服她，讓她控制好自己的脾氣。我不知道我老婆這樣，是不是跟她從小就失去了媽媽有關。

可以推薦她看一本書，叫《母愛的羈絆》。

你告訴她，這本書是專門講母女關係的。如果她真的愛你們的女兒，尤其你們有兩個女兒，就一定要了解一下這本書。這本書裡講，一個女人此生最難處理的關係就是母女關係，母女關係要比婆媳關係難處理得多。她這樣控制不住脾氣，首先得反思她和自己媽媽的關係。

你老婆從小就失去了媽媽，可能正是因為母愛的缺失，導致她跟女兒相處時感到焦慮，控制不好脾氣。如果一個女性不能正確地處理跟媽媽的關係，或者她沒有一個好的母愛來源，也就很難處理好她和女兒的關係。假如她同時又希望女兒特別好，像她想像中的一樣優秀，最後女兒很可能就會成為她的敵人。將來女兒所有的痛苦和難過都會歸咎到她頭上，說是被她逼的，然後兩個人相愛相殺。

媽媽和女兒的關係，大部分是相愛相殺的，不見面的時候想，見了面就吵架，吵完了內疚，循環往復，極度痛苦。而且，如果她管不好自己的脾氣，讓女兒也陷入了這種狀態，將來女兒跟她丈夫的關係也會出現問題，這是一串連鎖反應，最終導致這個家族裡的每一代人都很痛苦。

所以我推薦她去閱讀《母愛的羈絆》，這本書通俗易懂。如果心態再開放一點，她可以跟女兒一起在「樊登讀書」上聽這本書，聽完後向女兒道個歉，之後跟女兒訂一個計畫，說：「媽媽以後不喊了，好好說話。」只有理解了自己為什麼發脾氣，她才能少發脾氣，所以這本書對她是最對症的。

放養的孩子成績差，怎麼辦？

Q

我其實花了很多時間在孩子的教育問題上。我聽過老師講的所有教育類的書，《不管教的勇氣》、《終身學習》、《正面管教》等，我希望用翻轉式教育的學習方式，去培養孩子的綜合能力。我希望他在一年級時就能養成一個良好的生活習慣。他現在很自律，我們每天會去晨跑，花很多時間自學。因為花了太多時間在綜合能力的培養上，他在應試方面的筆試和學習可能就稍微會落後，老師找過我談話，說他的學習成績其實不太理想。坦白說，我覺得我之前的培養方向和中國的應試化教育有些衝突。我不知道是我自己的心態不夠好，還是這個衝突本身就不可避免。

老師找你談話，你就陪老師聊聊唄。焦慮本身不能給你帶來幫助。沒有一個必然結論說：只要放養，學習成績就一定差。我見過特別多的高考狀元，他們可以分為兩類：一類是玩命學成高考狀元的，這種孩子的精力基本上都被掏空了；另一類是玩著玩著成為高考狀元的。很多事情，如果真的做對了，它就是輕鬆的。哪有什麼絕對的對錯？

學放養，我們不能只學一個外表，手中的那根線還是要牽得很緊。也就是說，你讀過學過這些知識了，所以強調孩子要靠自己，但是你自己還悄悄在旁邊盯著，天天觀察，「唉呀，孩子最近又不行了，我得加把勁，我得做點什麼讓他變得更好」。你自己的生活重心不能完全放在孩子身上！一個大人把生活重心全放在孩子身上，那麼孩子的壓力就太大了。這種是假的放養。真的放養，是「我打心眼裡相信，一個人如果自己不會管理自己，說什麼都沒用」。

你說，你一定要在孩子一年級時幫他養成一個良好的習慣。這個觀念其實錯大了，很多家長都是用這樣的話來控制孩子的。一年級要養成良好的學習習慣，之後就覺得二年級也很重要，那麼三年級涉及跟高年級銜接，就更重要了，四年級是個轉捩點，更更重要。家長永遠都有這樣的說辭去干涉控制孩子。實際上，就在你所謂「幫他養成一個良好的學習習慣」的過程中，他的自覺性就已經被破壞了，他的心理認知就已經開始變成「說什麼放養，你們都是騙我的。你們還不是要盯著我學習」。

人學習的過程就是不斷犯錯的過程，你要有一定的包容度，而不是一被老師叫去談話，就緊張得要死。這麼緊張，你跟他的同學有什麼區別？你不也是個小孩子嗎？所以，你要做好一個成年人，跟他的老師進行成年人的對話，去了解老師告知的情況，看看哪些是可以配合、可以溝通的。但是回到家以後，你要告訴孩子：老師跟我聊了，不過我並不擔心你，你挺好的，你現在哪些東西做得好，哪些東西有問題，你自己分析分析，真正讓孩子成為他生活的管理者。

人最重要的力量，永遠來自他的內心。孩子可以自己管理自己，爸媽只是孩子在這個世界的導遊，這個比喻在我看來一直都是很準確的。導遊的任務是給孩子把這個世界講明白，這是什麼，那是什麼。導遊還要給遊客一些空間，讓遊客自己去探索：這段時間你就自己去看吧。這是導遊的責任。這樣一來，這個孩子就會是一個很開心、很有探索精神的遊客。但是我們的很多家長不是做導遊，是做黑導遊。他們綁架了孩子，讓孩子按照他們的方式去做，孩子就會覺得旅行一點意思都沒有，上啥大學？沒意思。他覺得什麼都沒意思。

此外，你也不要再說一些「假如他沒有那麼做，現在會不會更好」的話，沒有「假如」，他現在這樣，證明這就是他最好的狀態，所以你也可以看看《自卑與超越》那本書。

二寶出生之後，大寶非常失落，該怎麼辦？

Q

我有兩個兒子，小兒子現在才四個月。我發現在小兒子出生後的這段日子裡，我大兒子的變化很大。我們倆以前溝通得挺好的，但是有了這個弟弟以後，我感覺大兒子一下就變小了，現在什麼事都得讓人幫他去做，特別黏媽媽。因為媽媽還得照顧小弟弟，不能完全照顧到他，他就覺得特別委屈。看他這樣，我想跟他溝通，但他特別抗拒，我們溝通得不太愉快，他動不動就把我鎖在門外。我也只能任由他，想著等他願意溝通的時候再跟他溝通，可是我發現我總也等不到，我都不知道該怎麼做了。

有個心理學家告訴我，生第二個孩子之前你要跟老大講：爸爸媽媽很愛你，因為你表現得特別好，所以我們要給你一個伴。這個伴將來陪你的時間比我們還要長，那就是你的弟弟或妹妹。隨著肚子裡的孩子越來越大，你要讓他參與，讓他去摸一摸，聽一聽弟弟或妹妹的心跳。等到生孩子那天，要準備兩份禮物，一份禮物給小的，一份禮物給大的。把兩份禮物都給老大，告訴他：你今天成為哥哥了，這個禮物是用來向你表達祝賀的。另外這份禮物，是我們用來迎接弟弟的，你來負責迎接他。帶著老大和兩份禮物一起到醫院去，見到小寶寶的時候，就讓他把禮物給小寶寶，讓他對小寶寶說：「歡迎你來到咱們家。」就在這一刻，這兩個孩子之間就會建立起連結，他會感受到，有個小寶寶是一件很快樂的事，因為他得到了一份非常難忘的禮物。

當然，這是理想的狀態。如果做那些事情的時機已經過去了，那麼我們可以做的就是儘量照顧到兩個孩子的情緒，並且要多關注一下老大。因為老大經常會覺得，家裡人都在圍著小的轉，都不理他了。中國的很多親戚，去看孩子時表現得非常糟糕。看完小的，會對老大說：「你完了，爸爸媽媽現在不要你了，跟我走吧。」他們這樣嚇唬這孩子，自以為這樣逗小孩很有意思，實際上這會給孩子帶來很大的心理陰影。他會覺得有了弟弟以後，爸媽都不要我了，我要被別人帶走了。所以，要提前跟親戚們溝通，讓他們不要說這樣的話。

還有一個方法，就是讓大兒子參與到照顧弟弟或妹妹的活動中來。小孩子是很願意幫忙的。你要是跟小孩子說，來幫媽媽做個什麼事，他會說「我不去，我不幹」。但是你問他：「願不願意成為媽媽的幫手？」他就會很樂意。名詞要比動詞好用得多。這是跟孩子溝通的一些小技巧。讓孩子參與進來，感受到照顧弟弟或妹妹的成就感，父母及時給他二級回饋，這個階段肯定能平穩度過。只要處理得當，這個過渡時間都不會特別長。

處理不得當的狀況是什麼樣呢？就是全家人都把孩子的這種抗拒情緒看成麻煩。在這種情況下，孩子就會知道這樣最容易獲得你們的注意力，他就會不斷嘗試使用這個方法，整件事就停不下來了。所以，**我們不要把孩子的抵觸情緒當成麻煩，不要焦慮，而是更多地去發現他的亮點，更多地去鼓勵、肯定、塑造他的行為，對他表示感謝，讓他能夠明顯地感受到，父母對弟弟或妹妹和對他是一樣的。**

二胎家庭，家長如何平衡跟兩個孩子的關係？

Q

我是兩個男孩的媽媽，老大十四歲，老二快五歲了。兩年多前，老大「小升初」進了一個所謂「菜場中學」[7]，當時我的挫敗感非常強，有段時間走不出去。

我可能真的跟那類中學的教育理念有點不一樣。當時我就特別關注老大的學習，把老二完全交給了保姆，後來老二就變得特別霸道，所有的事情都要聽他的，沒有人可以反對他，甚至在學校也這樣。我覺得這個問題還是滿嚴重的，就趕快調整自己，把重心放在了老二身上。之後老大去住校了，等他回來時，我就感覺我們之間變疏遠了。他現在到了青春期，也很需要家長關心。我的問題就是，像我這種有兩個孩子的家庭，如何去平衡跟兩個孩子的關係？

我只有一個孩子，但我生長在一個有兩個孩子的家庭，我有一個姐姐。

首先，我從原生家庭裡得到的啟示就是，不用這麼緊張，孩子有自己的成長之道。你可能太過緊張了，整天覺得這要出問題了，那要出問題了。你要相信孩子的生命力。你家老二喜歡以自我為中心，喜歡別人都聽他的，說不定領導力很強，也許周圍就有一票小朋友都願意跟著他，等他長大了，說不定是個創業者、領導者。這算是壞事嗎？你完全可以放鬆點，做做保養，學學畫畫，甚至創個業。你活得精彩一點，孩子自然就會變得更好了。如果你一天到晚盯著他，為他操碎了心，反而會讓他活得很內疚。

媽媽不開心，孩子就不會開心。你知道嗎，孩子特別希望父母開心。我記得我們全家氣氛最好的時候，一定是每個人都很開心的時候，這個美好時刻會在小孩子的腦海當中形成一個非常深刻的記憶。但是，如果孩子長大後，發現媽媽整天都是內疚

7「菜場」形容的是一種對於該校學生家庭多為勞工階級的統稱，如「菜場小學」、「菜場中學」，也因此並非所謂的名校。

的，就算他嘴上不承認，心裡也會覺得這是他造成的。所以，你這種內疚感會給他帶來非常大的負擔，讓他以後無法坦然去過屬於自己的生活。

至於十四歲的老大跟你越來越疏遠了，這是很正常的，以後你們只會越來越疏遠，因為他已經長大了。長大以後，他的重心一定會從父母那裡轉移到學校和朋友那裡。也就是說，權力交接產生了，權力從父母這兒交接到朋友那兒了，等他踏上社會，權力還要再轉移到其他人身上。

所以，**你要學會優雅地退出了，優雅地退出孩子的生活，去過自己的生活**。將來，你的兩個孩子都長大，你還要活幾十年，難道再生一個？人非得有個孩子才會生活嗎？與其等到孩子成年以後離開家庭，自己變成「空巢老人」，再去學著找屬於自己的生活，不如現在就開始，對不對？

兩個孩子經常「爭寵」，該如何管好他們？

Q 我是兩個孩子的父親，我有一個男孩，一個女孩。男孩和女孩的教育方法是不一樣的。父親一般跟女孩比較親，但是這樣兒子會吃醋；要是跟兒子好了，女兒又不太高興。我很困擾，想請您給我介紹幾本書，能讓我把他們倆都管好，控制起來或者說培養起來。

你用「控制」這個詞，就暴露了你心底的問題。**在心理學上，沒有口誤這種事，口誤洩露的是潛意識的想法**。透過你的用詞可以看出來，你的控制欲太強了，你太希望孩子按照你所設定的方向去發展了，這就導致你覺得，就連孩子撒嬌說你偏心這樣的事，都應該掐滅。

我猜測，像你這麼和藹可親，你的兒子和女兒應該很健康、很活潑，但是很多爸爸媽媽無法享受這種狀態。總是說，孩子別的地方都不錯，就是經常吵架、爭寵，就是如何如何。因為你的眼睛只盯著缺點和錯誤，只盯著風險，導致你沒法享受人生。所以不用給你推薦幾本書，只要一本就夠了。中國有句古話叫「一本正經」，你知道是什麼意思嗎？就是能吃透一本書就夠了。我帶孩子，用一本《論語》就搞定了，再不然換一本《你就是孩子最好的玩具》。

北宋開國功臣趙普「半部《論語》治天下」，如果你真能從《論語》中選那麼一兩句，終身默誦，就足夠用了。比如，你就念一句「不遷怒，不二過」，並真正運用在生活裡，你會發現，你跟所有人的關係都變好了。我們生孩子的氣經常是在遷怒，這沒必要，也不正確。我們要去享受生活，而不是不斷從雞蛋裡挑骨頭，想要追求更好——那不是為了「更好」，而是你覺得自己不配過幸福的生活。

不要不安於幸福。不要覺得幸福的生活裡肯定還藏有危機，為了解決這些不存在的危機大動干戈，憑空製造出很多矛盾。其實孩子之間的矛盾並沒那麼大。

如果你非要我推薦一本書的話，我推薦你讀一下《不管教的勇氣》。這個書名聽起來像是在教唆家長不負責任，其實它的核心是，**每個孩子最終一定是要靠自己的自**

覺性來實現成長的，意識到人生是要靠自己來學習、掌控、打造的，這樣你才能做到不管教。

孩子的自覺性怎麼建立起來？父母有耐心，去愛他，去發現他身上的亮點，對孩子表達感謝，就能讓他們建立起自覺性。誰家有兩個孩子能不打架？不可能的。我跟我姐姐相差八歲，一樣會打架。孩子之間一定會鬧矛盾的，但我們要安於這個現狀，享受它，喜歡它。

你要學會優雅地退出孩子的生活，
去過自己的生活。

Part
4

教學

你心中的「我」越大，你的煩惱就越多。
你心中的別人越大，煩惱就越少。

該怎麼幫助留守兒童和在單親家庭長大的孩子？

Q 我是一名老師，之前發現一個學生自虐。後來我了解到，他是在單親家庭長大的。我們學校每個班幾乎有三分之一的孩子都是留守兒童[8]，或者是在單親家庭長大的。我知道他們和別的孩子其實沒有什麼區別，作為老師我很想幫幫他們，可是除了告訴他們「爸爸媽媽雖然不在一起生活，對你的愛卻並沒有減少」，我真的不知道還可以做什麼。

首先我們要不斷向這個社會強調，單親家庭不是問題。為什麼？因為如果整天強調「單親家庭」是一個社會問題的話，會給很多孩子造成沉重的心理負擔。大家都知道，現在離婚率很高，單親家庭比過去要多得多。這些家庭，或者說這些家庭裡的孩子，真的會有問題嗎？反觀一下歷史，我們會發現，很多偉人都出自單親家庭。孔子，單親家庭；孟子，單親家庭；王陽明，單親家庭。所以，沒有任何證據證明，單親家庭的孩子一定會不正常。在一個父母雙全的家庭裡，孩子一樣有可能缺少愛。許多父母雙全的孩子也會自虐。你不要覺得自虐的孩子會疼，他不覺得疼，他感覺到的是那個疼痛給他帶來的快感。

有本書叫《身體從未忘記：心理創傷療癒中的大腦、心智和身體》，讀過它，你就會明白，一個人為什麼會自虐。他一定是有非常多的痛苦，非常多的傷心、絕望，內心積滿了被傷害的感受，這時候他需要的是對話、聊天、關愛、鼓勵和耐心。這樣的孩子很容易叛逆，你就是對他好，他也可能會叛逆，可能會做一些反覆不定的事。你還可以去看一部對你可能會有幫助的電影──《心靈捕手》，講的就是一個教授怎麼去幫助一個非常叛逆的孩子慢慢走回正軌的。除了給予他愛與關懷，耐心等待，其實沒有什麼特效藥。在這一點上，老師能夠產生的作用不亞於家長。

8 留守兒童指的是因父母必須離鄉工作，而被留在家鄉或寄養於親戚家，長期與父母分開生活的小孩。

我媽媽當過老師。我還上小學的時候，她班上有個學生，父母都不在了，是個孤兒，他是跟著姑姑一起長大的。姑姑家有很多小孩，根本照顧不到他。那個小孩上學時，手上全是凍瘡，潰爛得一塌糊塗。他狀況很糟糕，學習也不好。我媽媽就像那個孩子的媽媽一樣去照顧他，給他織手套、做衣服，帶他回家吃飯。那個孩子心理就很健康，長大後成為一個出版社的美術編輯，跟我媽媽一直保持著良好關係。

作為老師，我們千萬不要去強調家庭背景對孩子的影響，這會讓孩子感到壓力巨大，他就算有機會去變好，可能也會放棄。因為如果他變好了，他就不是單親家庭出來的孩子了，單親家庭給了他一個墮落的好藉口。青春期的時候，人很容易找藉口，因為那時候還沒建立獨立的自尊體系，所以一旦有個墮落的藉口，他可能就會順流而下。學習畢竟是一件相當需要毅力的事情，也有點難度。我們所能做的事，就是給這個孩子更多的關愛，讓他感受到被愛，讓他感覺到自己有家。**家庭的感覺，不是一定要跟父母連結在一起的，只要有人愛他，他就有家。**

珊卓·布拉克演過一部電影，裡面有個長得又高又壯、塊頭特別大的黑人男孩，學習成績很糟糕，總考零分，在學校裡整天被人嘲笑。他家裡的家庭暴力情況很嚴重。珊卓・布拉克是他的老師，她就把這麼一個危險的高個子黑人男孩帶回家，給他家的感覺。最後她發現，這個孩子有一個特長，只要發生危險，他就會第一時間撲過去保護別人。這個老師就說：你這麼會保護東西，可以去打美式足球。最後，這個孩子成了美國最著名的足球明星之一。這個電影是由真人真事改編的。一個孩子只要找到了家的感覺，找到了歸屬感，發現有人關愛自己，哪怕這個愛不是來自父母，而是來自老師、鄰居，他依然可以過得很幸福。

我們每個人都有機會接觸到這樣的孩子，我們不要只是抱怨，只是感慨，只是跟自己的孩子講，「你看他多可憐，你看你多幸福」。我們不是只生活在自己的小家裡，我們還可以做一些事，盡可能地給這樣的孩子一些關懷和愛，做一些力所能及的好事。**來自陌生人的善意，說不定也能改變孩子的一生。**

碰到不好相處的家長，老師該怎麼做？

Q 我是一名幼教老師，想把全部的愛都給孩子們，但是在工作中我發現，很多時候我們會被園長的觀念和家長的瞎指揮束縛住。比如孩子在幼兒園玩耍的時候受了一點點傷，家長就會特別生氣，在幼兒園大鬧三天三夜。這樣對幼兒園的管理來說特別不好，會導致幼兒園更傾向於讓孩子們少活動，以確保安全。那麼，孩子們每天在幼兒園的生活就是站好、坐好，別亂動亂跑，這對孩子的成長非常不利。我夾在中間，不知道該怎麼做才能對孩子更好，讓自己也有所成長。

我相信這個世界上有那種為雞毛蒜皮的事去幼兒園大鬧三天的家長，也有通情達理的家長。首先，我們可以去努力感受通情達理的家長帶來的回饋。而那些愛大鬧的家長，如果我們發現其實他的內心也還是一個孩子，之後懷著關愛的心情去對待這些看起來不可理喻的人，你才能做一個了不起的老師。了不起的老師未必多出名、多偉大，只是心中裝著對其他人的關愛，在這種關愛之情下，你做出的行為就會逐漸影響那些家長。如果你不是改造了一個孩子，而是把一個愛鬧的家長改造好了，我覺得更有意義和價值。

如果園長的觀念難以改變，你可以建議園長去別的城市的幼兒園參觀學習。假如這也做不到，最起碼你可以帶好自己的班。如果有條件，你可以想辦法自己去辦一家小小的幼兒園，乃至小小的幼幼班。無力感來自無法解決問題，力量感來自你可以有所作為。找到了辦法，你會覺得可做的事很多，隨便做什麼都能夠傳達愛。

最後，我給你講一個案例。當年我在《今晚博客》做主持人的時候，在一期節目中採訪一位韓國人，他的名字我現在已經忘記了。他在瀋陽開了一家兒童福利院，專門收養腦癱兒童。我們的主製片人一直在耳機裡跟我說：嘉賓肯定要哭的，你要讓他哭，嘉賓哭了收視率高。你問問題，問他最難的時候、想家的時候、最艱苦的時候，就問這些，讓他哭。然而特別出乎意料，從採訪開始到最後，嘉賓一直是高高興興的。我們照顧一個健康的孩子都會覺得累，要照顧腦癱兒童，那肯定是非常非常累的。他照顧了兩百個腦癱兒童，卻一直高高興興的！我用了一晚上的時間都沒能讓他哭。這件事給我衝擊極大，後來我在《論語》中找到了依據。孔夫子在《論語》裡說「仁者不憂」，如果你的內心真的裝的都是孩子和家長，你是沒有憂愁的，你會覺得這些人都滿有意思的，都需要幫助。但是，如果你心裡並沒有裝著他們，就只是會覺得，為什麼會這麼不公平，為什麼我這麼倒楣，為什麼我這樣那樣，那憂愁就時刻跟隨著你。

所以，**一個人的憂愁有多少，取決於你對「我」的看法有多大。你心中的「我」越大，你的煩惱就越多。你心中的別人越大，煩惱就越少。**仁者不憂，希望能夠幫到你。

老師教不好自己的孩子，怎麼辦？

Q 我是一名教語言藝術的老師，教著一百多個學生，面對學生，我會很有耐心地言傳身教，但對自己的女兒，說不了三遍，我可能就沒什麼耐心了，聲音會不自覺地提高，情緒也會變差。我也聽了很多書，比如《智慧管教》和一些談原生家庭的親子書，也知道方法，但我就是不知道怎麼把這些方法武裝到自己身上來，讓自己更好地去引導孩子。

首先，你不要再說這樣的話，不要老是去暗示自己：我不知道，我做不到；即使我讀了那麼多書，我仍然做不到。如果你總是強調這些，你慢慢就會相信自己真的做不到，一定不要這樣去強化負面的想法。實際上，不管能不能做到，教導她都是你的責任。你自己想做到的話，立刻就能做到。

你教別的小孩之所以和教自己孩子的方式不一樣，原因很簡單，就是你不夠相信自己的教育方法。如果你足夠相信它，教別的孩子就不需要偽裝，而是發自內心的，同時，回到家教自己的孩子，你也不需要裝，兩邊一樣教嘛。

現在產生這樣的矛盾，是因為你打心眼裡可能並沒有真的接受「耐心地去教育一個孩子」這件事。我聽過很多老師說這樣的話：如果是我的孩子，我就怎麼怎麼樣。每次聽到我就在想，這老師每天裝，得有多累呀！他在用一種虛假的方式去應付工作。實際上，我們應該去深入地理解，為什麼要對孩子有耐心。如果你相信自己的教育理念，就不能只把它用在別的孩子身上，而應該多用在自己的孩子身上。對孩子，你不願意承擔一點責任嗎？不願意跟孩子一起面對困難，幫她剖析問題、解決問題，在她有進步的時候鼓勵她，幫助她找到學習的樂趣嗎？相信自己能做到，只要你願意，立刻就能做到。

未來的教育模式會是怎樣的呢？

Q 我是一名老師，非常想聽您描述一下，未來的教育和學校是什麼樣的？

我出生在一個教育家庭，爸爸是數學老師，媽媽是語文老師，我從小就看他們教學、上課。當我開始做「樊登讀書會」以後，我發現最大的問題是，大量的家長和老師缺乏基本的教育學原理訓練，把孩子的成長當作簡單的機械結構在拼湊。

這個世界上有兩種學問，一種是複雜科學，另一種是簡單科學。簡單科學就像造汽車，是可以拼湊的。大家用這種思維方式把數學、語文、英語、政治、跳繩拼湊在一起，湊成了一個教育體系。可人其實是一個複雜的體系，你根本不知道一個孩子會因為哪句話發生改變，你沒法掌控。有的孩子所有課程都學得很好，最後卻成了一個罪犯，或者成了一個有嚴重心理問題的人，給社會造成很大的麻煩。所以我們就要思考，怎樣才能把複雜體系的教學方式引入每一個孩子身上？後來我就發現了梅拉妮．米歇爾所寫的《複雜》這本書，書裡告訴我們，所有複雜的形態都是由最簡單的規則驅動的，比如人類的進化規則其實只有三個：遺傳、變異、選擇。那麼，我就在想，如果把教育的規則也簡化為三個，應該是什麼？最後我發現——這是我個人的感受——首先，孩子心中要有堅定的無條件的愛；其次，孩子要有價值感，相信自己是一個能創造價值的人，對社會有用的人；最後，是終身成長，清楚困難和挫折是自己成長的機會。這三個規則如果建立起來了，你會發現遇到任何困難、任何問題，孩子自己都可以努力去解決。

怎麼才能讓更多家長了解到這一點？我們做讀書會的目標就是這個。未來的教育，我覺得有一個方向上的轉變，重心從學校轉向家庭，學校教育占的比重會越來越小，因為人是需要終身學習的。過去咱們認為一個人高中畢業差不多就能工作了，大學畢業已經算文憑很高了。但是現在，單位來了個大學畢業生，你會覺得孩子還傻著呢，什麼都不會，慢慢教吧。

未來，學生會在一對一的方式下學習，而不是現在的一對多，每個學生都可以有一臺AI陪伴他學習。我兒子現在就在跟著AI學奧數，比跟著老師學快多了。這樣，同一個班上的學習程度不同的學生就可以有完全不同的進度，而學校也就變成了負責「啟發」和「玩耍」的地方。老師就管布置任務，學生自己去學習，去完成。有共同興趣的孩子可以組成一個小組，一起探索，一起學習。哪個學生準備好參加高考了，就去參加。這樣，每個孩子的潛力都能得到充分的挖掘和釋放。

人類的智商每隔一百年大概會增長十位數，一直在進步，教育的方法應該要不斷改進，所以千萬不要低估孩子的潛力。

在未來的這種教育圖景中，真的有很多老師會退出教育活動，就像北京收停車費的人都被機器替代了一樣。很多老師可能會受到人工智慧的衝擊，但是好的老師仍是難以被替代的，因為我們很難指望機器跟你聊兩句就給你帶來啟發，讓你想成為一個了不起的人。**點亮孩子的心靈，提高孩子的情商，提升孩子的溝通能力、團隊協作能力，這是老師才能做好的，短期之內很難被機器替代**。所以，我覺得，未來的老師可能要更多地去研究教育學、心理學，最重要的是心裡對學生要有愛，愛是最重要的。

《放牛班的春天》這部電影，我推薦所有老師都看看，看了它你就知道，一位好老師的價值到底有多大。

總結時刻／

- 適度焦慮帶來的是重視，而不是痛苦，它會促使人採取行動。
- 旁邊的人如果不停地批評我們，根本無助於我們把一件事做好。
- 如果要給孩子做死亡教育，最好帶他去看一棵大樹，讓他知道這棵大樹會生長，會開花，會結果，會落葉。
- 讓孩子建立自信，其實還可以透過向孩子表達感謝來實現，尤其是對他很容易做到的事表達感謝，更能讓他變得自信。
- 要讓孩子成為解決問題的主角，而不是被迫參與的配角。
- 一個人自尊水準越低，越不會改變。
- 焦慮這件事，不能靠消滅現象來解決，而應該靠改變我們內心的承受力、改變我們看待事物的方法來解決。
- 不斷責罵孩子的過程，就是不斷推卸責任的過程，這導致孩子在學習上容易緊張恐懼，進而導致他上課、做作業不能集中注意力。

- 不要不安於幸福。不要覺得幸福的生活裡肯定還藏有危機，為了解決這些不存在的危機大動干戈，憑空製造出很多矛盾。
- 人最重要的力量，永遠來自他的內心。
- 孩子比我們想像的更需要父母的陪伴，他們在青春期時特別焦慮，可能是因為自己很快要離開這個家了，很惶恐，擔心自己沒有更多的時間陪伴父母。
- 靜待花開不是什麼都不做，更不是延續過去的錯誤方法，而是去找到一個正確的方法，耐心地去陪伴孩子。
- 切忌以隨便去關她的電視、搶她的手機等這種不夠尊重別人的態度來對待這件事，即便她是你的孩子。
- 人在趣味這件事上，有一個反脆弱的能力。什麼叫反脆弱的能力？就是你越是打擊它，它反彈得越厲害。

- 孩子的焦慮，本質上一定是緣於父母和孩子的關係。
- 只有讓孩子自己去經歷，被家人當作成年人去尊重，他們的自尊水準才能提高，才能做出真正屬於自己的選擇。
- 媽媽和女兒的關係，大部分是相愛相殺的，不見面的時候想，見了面就吵架，吵完了內疚，循環往復，極度痛苦。
- 在心理學上，沒有口誤這種事，口誤洩露的是潛意識的想法。
- 很多父母對孩子都是得寸進尺的。
- 每個孩子最終一定是要靠自己的自覺性來實現成長的，意識到人生是要靠自己來學習、掌控、打造的，這樣你才能做到不管教。
- 家庭的感覺，不是一定要跟父母連結在一起的，只要有人愛他，他就有家。
- 來自陌生人的善意，說不定也有可能改變孩子的一生。
- 點亮孩子的心靈，提高孩子的情商，提升孩子的溝通能力、團隊協作能力，這是老師才能做好的，短期之內很難被機器替代。

〈優解教育〉推薦書單

《如何培養孩子的社會能力：教孩子學會解決衝突和與人相處的技巧》繁體版為《培養會思考的小孩【修訂新版】》，米娜．舒爾、泰瑞莎．佛伊．迪覺若尼莫，新手父母。

《叛逆不是孩子的錯：不打、不罵、不動氣的溫暖教養術》繁體版為《10天內，孩子不再是小霸王！【全新增訂版】》，傑佛瑞．伯恩斯坦，新手父母。

《感受愛：在親密關係中獲得幸福的藝術》，珍妮．西格爾，機械工業出版社。

《欲罷不能：刷屏時代如何擺脫行為上癮》繁體版為《欲罷不能：科技如何讓我們上癮？滑個不停的手指是否還有藥醫！》，亞當．奧特，天下文化。

《壓力管理指南：如何在生活中找到快樂、平靜和滿足？》，阿米特·索德，北京科學技術出版社。

《最好的告別：關於衰老與死亡，你必須知道的常識》繁體版為《凝視死亡：一位外科醫師對衰老與死亡的思索》，葛文德，天下文化。

《耶魯大學公開課：死亡》繁體版為《令人著迷的生與死：耶魯大學最受歡迎的哲學課》，雪萊·卡根，先覺。

《天藍色的彼岸》繁體版為《天藍色的彼岸》，艾歷克斯·席勒，小魯文化。

《高績效教練》繁體版為《高績效教練：有效帶人、激發潛力的教練原理與實務（25週年紀念增訂版）》，約翰·惠特默爵士，經濟新潮社。

《解碼青春期：如何陪伴十幾歲孩子成長》繁體版為《解碼青春期：與青少年好好溝通、互相理解，讓彼此和諧共處》，喬許·希普，親子天下。

《正面管教：如何不懲罰、不嬌縱地有效管教孩子》繁體版為《溫和且堅定的正向教養》，簡．尼爾森，遠流。

《2001：太空漫遊》、《2010：太空漫遊》、《2061：太空漫遊》、《3001：太空漫遊》，阿瑟．克拉克，讀客文化。

《愛因斯坦傳》，菲力浦．弗蘭克，長江文藝出版社。

《達．芬奇傳》，查爾斯．尼科爾，長江文藝出版社。

《蘇東坡傳》繁體版為《林語堂作品精選4：蘇東坡傳【經典新版】》，林語堂，風雲時代。

《不管教的勇氣：跟阿德勒學育兒》，岸見一郎，禹田文化。

《終身學習：哈佛畢業後的六堂課》，黃征宇，中國大百科全書出版社。

《自卑與超越》繁體版為《自卑與超越：生命對你意味著什麼》，阿爾弗雷德·阿德勒，好人出版。

《複雜》，梅拉妮·米歇爾，湖南科技出版社。

國家圖書館出版品預行編目資料

還煩惱嗎？樊登的人生智慧解答，100⁺ 應對生活、突破思考困局的清醒指南／樊登．帆書（原樊登讀書）著
– 初版 . -- 臺北市：三采文化，2023.4
面： 公分 . --
ISBN：978-626-358-050-3（平裝）
1. 心理勵志 2. 自我成長 3. 成功法

177.2 112002735

suncolor 三采文化集團

iLead 08

還煩惱嗎？

樊登的人生智慧解答，100+ 應對生活、突破思考困局的清醒指南

作者｜樊登．帆書（原樊登讀書）
責任編輯｜戴傳欣 美術主編｜藍秀婷 封面設計｜李蕙雲 內頁排版｜陳佩君
校對｜黃薇霓 版權負責｜杜曉涵 經紀行銷協理｜張育珊 行銷企劃主任｜呂秝萱

發行人｜張輝明 總編輯長｜曾雅青 發行所｜三采文化股份有限公司
地址｜台北市內湖區瑞光路 513 巷 33 號 8 樓
傳訊｜TEL:8797-1234 FAX:8797-1688 網址｜www.suncolor.com.tw
郵政劃撥｜帳號：14319060 戶名：三采文化股份有限公司
本版發行｜2023 年 4 月 28 日 定價｜NT$420

原著作名：【還煩惱嗎】
作者：樊登．樊登讀書
本書由天津磨鐵圖書有限公司授權三采文化股份有限公司出版，限在全球（包含港澳地區、除中國大陸地區）獨家出版發行，非經書面同意，不得以任何形式任意複製、轉載。